KRONIKAT E PESHQIT TË BARDHË: EKSPLORIMI I KËNAQËSISË SË PESHQIT TË BARDHË

Nga deti në tryezë – 100 receta të shijshme për peshkun e bardhë të gjithanshëm

Elton Hila

E drejta e autorit Materiali ©2023

Të gjitha Të drejtat Rezervuar

nr pjesë e kësaj libër Mund të jetë të përdorura ose të transmetuara në ndonjë formë ose nga ndonjë do të thotë pa të e duhura shkruar pëlqimin e _ botues dhe e drejta e autorit pronar përveç për i shkurtër citate të përdorura në a rishikim. Kjo libër duhet jo të jetë konsiderohen a zëvendësues për bar, ligjërisht, ose tjera pr e esional këshilla.

TABELA E PËRMBAJTJES

TABELA E PËRMBAJTJES..3
PREZANTIMI...7
MËNGJESI..9
1. Walleye Hash Browns...10
2. Peshku i mëngjesit të Hugos.....................................12
3. Omëletë me peshk të bardhë dhe spinaq....................15
4. Taco për mëngjesin e peshkut të bardhë....................17
5. Përleshje me peshk të bardhë dhe barishte................19
6. Tas për mëngjes me peshk të bardhë dhe kuinoa........21
7. Peshk i bardhë i tymosur dhe Bagel me djathë krem...23
8. Peshku i bardhë dhe Hashi i patates.........................25
9. Mëngjesi i peshkut të bardhë Burrito.........................27
10. Dolli me peshk të bardhë dhe avokado....................29
11. Peshku i Bardhë dhe Frittata Asparagus...................31
MEZHET...34
12. Shkopinj peshku të pjekur me flake misri.................35
13. Kroketa me peshk të bardhë...................................38
14. Mbështjelljet e maruleve të peshkut të bardhë..........40
15. Kafshimet e peshkut të bardhë dhe avokados..........42
16. Brusketa e peshkut të bardhë.................................44
17. Skuqje me peshk të bardhë dhe kungull i njomë......46
18. Rrotulla Sushi Peshku i Bardhë...............................48
19. Tartari i peshkut të bardhë.....................................50
20. Skewers Peshku i Bardhë......................................52
21. Dip Peshku i Bardhë...54
Ceviçe...56
22. Habaño ceviche...57
23. Ceviche Blanco Chingon..59
24. Ceviche Chingon..61
25. Mango meksikane dhe peshku i bardhë Ceviche......64
26. Ceviche tacos..66
27. Qepëse Wasabi sallatë ceviche...............................69

28. Levreku Ceviche...71
29. Ceviche me avokado, domate qershi dhe qepë të pranverës...73
30. Ceviche de Corvina Stili i Panamasë....................75
31. Halibut ceviche me grejpfrut dhe djegës...............78
32. Halibut-Mango Ceviche.......................................81
33. Mahi mahi ceviçe..83
34. Ceviche e peshkut murg me avokado...................85
35. Ceviche murg me kokos dhe gëlqere....................87
36. Ceviche peshku...90
37. Peshku i pjekur me barishte limoni......................92
38. Merluci, ahi dhe ceviçe domatesh trashëgimtare....95
39. Lime Cod Ceviche...98
40. Cod Ceviche me mikrogjelbërime limoni............100
KURS KRYESOR...102
41. Ravioli me frymëzim portugez...........................103
42. Pemë merluci dhe mishi me patate.....................107
43. Tacos Peshku Bisquick......................................109
44. Patate të skuqura peshku me floke misri............112
45. Lazanja e shpejtë e peshkut...............................115
46. Matcha Steamed Cod...118
47. Taco peshku i pjekur në skarë me salsa jeshile...120
48. Levrek i pjekur, stil brazilian...........................123
49. Levreku i pjekur në skarë me një salcë..............125
50. Levrek me qiqra dhe nenexhik..........................128
51. Grouper me salcë Tandoori................................130
52. Bass i pjekur në skarë në lëvozhgë misri...........132
53. Bas me vija me gjuajtje Cattail.........................134
54. Bass me vija me salcë karkalecash....................137
55. merluci me kripë braziliane..............................140
56. merluc i zi me sorbet portokalli........................143
57. Merluci me salcë Puttanesca.............................145
58. Merak brazilian peshkatar................................147
59. Peshku i bardhë me shtuf gaforre......................149
60. Fileto tabani të ziera...152

61. Peshku shpatë me salcë braziliane..................154
62. Mustak i mbështjellë me zarzavate collard..........156
63. Sunfish Dijon......................................158
64. Troftë flutur e pjekur në skarë...................160
65. Troftë çeliku në salcën e verës së kuqe...........164
66. Troftë e tymosur me salcë mustarde................167
67. Perk i pjekur në skarë me portokall gjaku.........169
68. Walleye i pjekur në skarë me rrush................171
69. Peshku murg në një marinadë kikiriku..............173
70. Xhepat Monkfish-Hurmë.............................175
71. Peshku i bardhë i pjekur në skarë.................177
72. Halibut i pjekur në skarë në qumësht kokosi.......179
73. Sorbet limoni–Mahi-Mahi me lustër.................182
74. Tilapia dhe mbushja e kafesë......................184
75. Pompano i pjekur në skarë.........................187
76. Yellowtail Tymosur mbi kopër......................190
77. Kërcimtar i tymosur...............................192
78. Goujons of Lemon Sole.............................194
79. Vezë Benedikti me Haddock.........................197
80. Fileto shojzë e kuqe e pjekur në një kore.........200
SALATATË..202
81. Sallatë për mëngjes me peshk të bardhë dhe barishte 203
82. Sallatë me peshk të bardhë me salcë limoni-kopër..205
83. Sallatë me peshk të bardhë dhe mango..............207
84. Sallatë Niçoise me peshk të bardhë................209
85. Sallatë me peshk të bardhë dhe avokado............211
86. Sallatë me peshk të bardhë dhe kuinoa.............213
87. Sallatë me peshk të bardhë dhe shalqi.............215
88. Sallatë me peshk të bardhë dhe agrume.............217
SUPAT...219
89. Stoku i peshkut...................................220
90. John Dory Chowder.................................222
91. Shad i tymosur me Gazpacho........................225
92. Supë klasike peshku me Rouille....................228
93. Supë me merluc me portokall.......................231

ËSHTIRËS..234
94. Ëmbëlsira braziliane me merluc.......................235
95. Peshku japoneze me xhenxhefil......................237
96. Halibut me komposto boronicë.......................240
97. Byrek me boronicë Cape Cod.........................242
98. Scones boronicë Cape Cod..............................244
99. Byrek me kadife me boronicë Cape Cod......247
100. Këpucër merluci...250
PËRFUNDIM..253

PREZANTIMI

Mirë se vini në botën e peshkut të bardhë! Në këtë libër gatimi, ju ftojmë të filloni një aventurë kulinare që feston natyrën delikate dhe të gjithanshme të peshkut të bardhë. Peshku i bardhë, i njohur për aromën e tij të butë dhe strukturën e butë, është një përbërës i dashur në kuzhinat në mbarë botën. Ky libër gatimi është udhëzuesi juaj për të eksploruar mundësitë e ndryshme dhe të lezetshme të peshkut të bardhë në kuzhinën tuaj.

Peshqit e bardhë, të tillë si merluci, merluci, shojza dhe tabani, ofrojnë një kanavacë bosh për kreativitetin e kuzhinës. Shijet e tyre delikate dhe teksturat delikate i bëjnë ato tepër të gjithanshme, duke i lejuar ata të shkëlqejnë në një shumëllojshmëri pjatash. Në këtë libër gatimi, ne festojmë bukurinë e peshkut të bardhë, duke ju paraqitur një koleksion recetash që shfaqin shijet e tij natyrale dhe nxjerrin në pah përshtatshmërinë e tij në kuzhina dhe teknika të ndryshme gatimi.

Brenda këtyre faqeve, ju do të zbuloni një thesar të recetave të shijshme që përmbajnë peshkun e bardhë si përbërësin yll. Nga peshqit dhe patatet e skuqura klasike dhe zierjet ngushëlluese të peshkut deri te makaronat elegante të ushqimeve të detit dhe taco-t me shije peshku, ne kemi kuruar një koleksion që përfshin një gamë të gjerë shijesh dhe traditash kulinarie. Çdo recetë është krijuar për të nxjerrë në pah më të mirat e peshkut të bardhë, duke ju ofruar ushqime të shijshme dhe të kënaqshme që janë të thjeshta për t'u përgatitur.

Por ky libër gatimi është më shumë se thjesht një përmbledhje recetash. Ne do t'ju udhëzojmë nëpër llojet e ndryshme të peshkut të bardhë, do t'ju ofrojmë këshilla për zgjedhjen e filetove më të freskëta dhe do të ndajmë teknikat për gatimin e peshkut të bardhë në perfeksion. Pavarësisht nëse jeni një adhurues i kalitur i ushqimeve të detit ose i ri në përfshirjen e peshkut të bardhë në vaktet tuaja, qëllimi ynë është t'ju fuqizojmë të krijoni pjata që nxjerrin në pah shijet dhe teksturat delikate të këtij përbërësi të jashtëzakonshëm.

Pra, nëse jeni duke organizuar një festë me ushqim deti, duke kërkuar frymëzim për një darkë të shëndetshme natën e javës ose thjesht duke kërkuar të zgjeroni repertorin tuaj të kuzhinës, le të jetë udhërrëfyesi juaj "The White Fish Chronicles". Bëhuni gati të shijoni kënaqësitë e peshkut të bardhë dhe të filloni një udhëtim të shijshëm që do t'i kënaqë shijet tuaja dhe do t'u bëjë përshtypje mysafirëve tuaj.

MËNGJESI

1. Walleye Hash Browns

PËRBËRËSIT:

- 1 kile fileto muri
- 2 patate të mesme Yukon, të qëruara dhe të shtypura
- $\frac{1}{2}$ filxhan qepë të kuqe të grira hollë
- $\frac{1}{4}$ filxhan krem i trashë
- 2 lugë miell për të gjitha përdorimet
- 2 lugë mustardë Dijon
- 2 lugë gjelle parmezan të grirë
- 1 lugë çaji vaj kanola
- 4 lugë gjalpë pa kripë

UDHËZIME:

a) Ngrohni një skarë.
b) Grijeni fileton në skarë 4 deri në 5 minuta nga secila anë, derisa të jetë e fortë dhe e errët. Lëreni të ftohet, më pas filtroni fileton dhe lëreni mënjanë.
c) Përzieni lehtë fileton e grirë, patatet, qepën, kremin, miellin, mustardën dhe parmixhanin në një tas të madh përzierjeje.
d) Në një dërrasë prerëse formoni masën në një petë të madhe, duke pasur kujdes që të mos e copëtoni. Duhet të ngjajë me një petull të madh.
e) Ngrohni vajin dhe 2 lugë gjelle gjalpë në një tigan të madh në nxehtësi mesatare-të lartë. Duke përdorur dy spatula vendoseni me kujdes petën në tigan. Skuqeni në zjarr mesatar derisa të marrë ngjyrë kafe, rreth 10 minuta.
f) Kthejeni butësisht petën dhe lyeni me gjalpin e mbetur. Skuqini 10 minuta më shumë, ose derisa patatet të jenë skuqur plotësisht.
g) Pritini në katër pjesë dhe shërbejeni sa është i nxehtë.

2. Peshku i mëngjesit të Hugos

PËRBËRËSIT:

- 400 g (14 oz) patate me miell të prodhimit kryesor , të ziera
- 300 g (11 oz) fileto merluci
- 225 ml (8fl oz) qumësht me yndyrë të plotë
- 1 rrip i grirë lëkure limoni
- 1 gjethe dafine
- 40 g (1½ oz) gjalpë
- 2 lugë vaj ulliri
- 1 qepë e vogël, e grirë hollë
- një grusht majdanoz
- 1 lugë çaji lëng limoni të freskët
- 25 g (1 oz) miell i thjeshtë
- 1 vezë e madhe, e rrahur
- 100 g (4oz) bukë të freskët të bardhë

UDHËZIME:

a) Në një tigan hidhni peshkun, qumështin, lëkurën e limonit, gjethen e dafinës dhe pak piper të zi.
b) Mbulojeni, lëreni të vlojë dhe ziejini për 4 minuta ose derisa peshku sapo të jetë gatuar.
c) Shkrini 15 g (½oz) gjalpë në një tigan me madhësi mesatare, shtoni 1 lugë çaji vaj ulliri dhe qepën dhe gatuajeni butësisht për 6-7 minuta, derisa të jetë e butë dhe e tejdukshme, por jo kafe.
d) Shtoni purenë e patateve dhe lërini të ngrohen; më pas shtoni peshkun, majdanozin, lëngun e limonit dhe 2 lugë qumësht pa leje dhe përziejini mirë.
e) Vendosni vezën në një enë të cekët dhe thërrimet e bukës në një tjetër.

f) Duke përdorur duar pak të lagura, formoni përzierjen e miellit në tetë kek peshku me trashësi rreth 1 cm ($\frac{1}{2}$ in). Zhytini ato në vezën e rrahur dhe më pas thërrimet e bukës, vendosini në një tepsi dhe ftohini për 1 orë (ose më mirë akoma gjatë natës) në frigorifer.

g) Ngroheni gjalpin e mbetur dhe lugën e fundit me vaj në një tigan që nuk ngjit derisa gjalpi të shkrijë, shtoni kekët e peshkut dhe më pas skuqini butësisht për rreth 5 minuta nga secila anë derisa të marrin ngjyrë të artë.

3.Omëletë me peshk të bardhë dhe spinaq

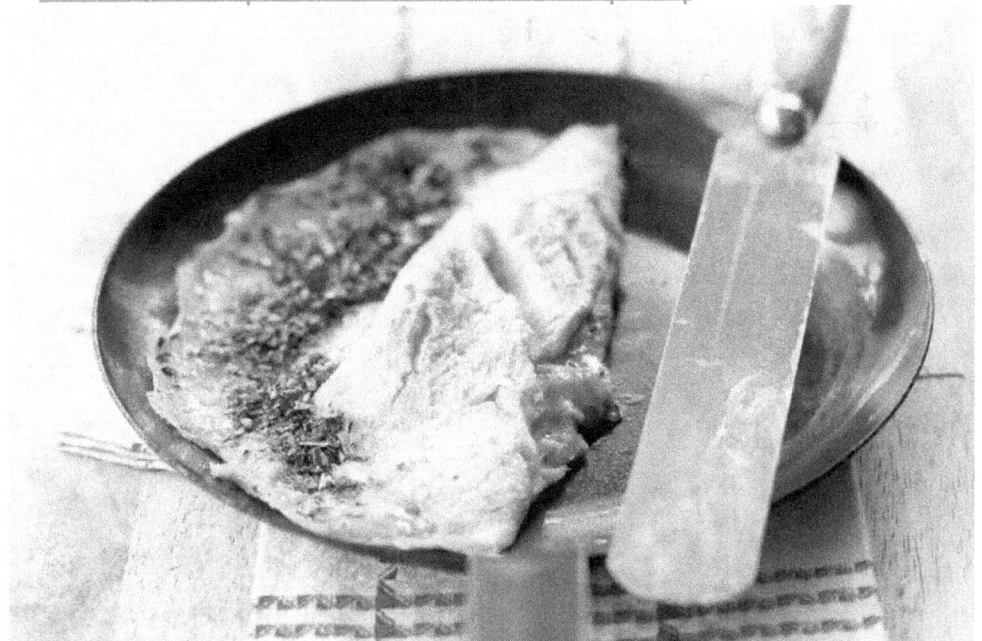

PËRBËRËSIT:

- 2 fileto peshku të bardhë
- 2 gota spinaq të freskët
- 4 vezë
- 1/4 filxhan qumësht
- Kripë dhe piper për shije
- 2 luge vaj ulliri

UDHËZIME:

a) I rregullojmë filetot e peshkut të bardhë me kripë dhe piper.
b) Në një tigan që nuk ngjit, ngrohni vajin e ullirit mbi nxehtësinë mesatare. Ziejini filetot e peshkut derisa të jenë gatuar, rreth 3-4 minuta për anë. Hiqeni nga tigani dhe lërini mënjanë.
c) Në të njëjtën tigan, shtoni spinaqin e freskët dhe gatuajeni derisa të thahet.
d) Në një enë rrihni vezët me qumësht, kripë dhe piper.
e) Hedhim përzierjen e vezëve në tigan mbi spinaqin e tharë. Gatuani derisa vezët të jenë të vendosura.
f) Vendosni filetot e peshkut të bardhë të zier në gjysmën e omëletës. Palosni gjysmën tjetër mbi peshk.
g) Shërbejeni omëletën të nxehtë me një pjesë të thekur ose sallatë.

4. Taco për mëngjesin e peshkut të bardhë

PËRBËRËSIT:
- 2 fileto peshku të bardhë
- 4 tortilla të vogla
- 1 avokado, e prerë në feta
- 1/4 filxhan domate të copëtuara
- 1/4 filxhan qepë të copëtuara
- Gjethet e freskëta të cilantros
- Pykat e gëlqeres
- Kripë dhe piper për shije

UDHËZIME:
a) I rregullojmë filetot e peshkut të bardhë me kripë dhe piper.
b) Nxehni një tigan që nuk ngjit mbi nxehtësinë mesatare. Ziejini filetot e peshkut derisa të jenë gatuar, rreth 3-4 minuta për anë. I heqim nga tigani dhe i leme te ftohen pak.
c) Peshkun e gatuar e qitni në copa të vogla.
d) Ngroheni tortillat në një tigan të thatë ose në mikrovalë.
e) Mblidhni tacot duke vendosur peshkun e grirë në secilën tortilla. Sipër shtoni avokado të prerë në feta, domate të copëtuara, qepë dhe gjethe të freskëta cilantro.
f) Shtrydhni lëngun e limonit mbi tacot dhe spërkatni me kripë dhe piper.
g) Shërbejini menjëherë tacot e mëngjesit.

5. Përleshje me peshk të bardhë dhe barishte

PËRBËRËSIT:
- 2 fileto peshku të bardhë
- 4 vezë
- 1/4 filxhan qumësht
- 1 lugë gjelle kopër të freskët të copëtuar
- 1 lugë gjelle qiqra të freskëta të grira
- Kripë dhe piper për shije
- 2 lugë gjelle gjalpë

UDHËZIME:
a) I rregullojmë filetot e peshkut të bardhë me kripë dhe piper.
b) Në një tigan që nuk ngjit, shkrini gjalpin në nxehtësi mesatare. Ziejini filetot e peshkut derisa të jenë gatuar, rreth 3-4 minuta për anë. Hiqeni nga tigani dhe lërini mënjanë.
c) Në një enë rrihni vezët me qumësht, kripë dhe piper. Përzieni koprën e grirë dhe qiqrat.
d) Në të njëjtën tigan, derdhni përzierjen e vezëve dhe gatuajeni, duke i trazuar lehtë, derisa vezët të fërgohen dhe të gatuhen në konsistencën e dëshiruar.
e) Peshkun e zier e qitni në copa të vogla dhe i shtoni në tigan me vezët e fërguara. Përziejini për t'u bashkuar.
f) Shërbejeni peshkun dhe barishten e bardhë të nxehtë, të zbukuruar me barishte shtesë të freskëta nëse dëshironi.

6. Tas për mëngjes me peshk të bardhë dhe kuinoa

PËRBËRËSIT:
- 2 fileto peshku të bardhë
- 1 filxhan quinoa të gatuar
- 1/2 filxhan domate qershi, të përgjysmuara
- 1/4 filxhan kastravec të copëtuar
- 2 lugë majdanoz të freskët të grirë
- 1 lugë gjelle lëng limoni
- Kripë dhe piper për shije
- 1 luge vaj ulliri

UDHËZIME:
a) I rregullojmë filetot e peshkut të bardhë me kripë dhe piper.
b) Ngrohni vajin e ullirit në një tigan që nuk ngjit mbi nxehtësinë mesatare. Ziejini filetot e peshkut derisa të jenë gatuar, rreth 3-4 minuta për anë. I heqim nga tigani dhe i leme te ftohen pak.
c) Peshkun e gatuar e qitni në copa të vogla.
d) Në një enë bashkojmë quinoan e gatuar, domatet qershi, kastravecin e grirë, majdanozin e grirë, lëngun e limonit, kripën dhe piperin.
e) Shtoni peshkun e grirë në përzierjen e quinoas dhe hidheni butësisht për t'u kombinuar.
f) Përzierjen e peshkut të bardhë dhe kuinoas e ndajmë në tasa për servirje.
g) Shërbejini enët e mëngjesit të ngrohta ose në temperaturën e dhomës.

7.Peshk i bardhë i tymosur dhe Bagel me djathë krem

PËRBËRËSIT:
- 2 fileto peshku të bardhë, të tymosur
- 2 bagels, të prera në feta dhe të thekura
- 4 lugë krem djathi
- 2 lugë gjelle kaperi
- 2 lugë qepë të kuqe të prera në feta
- Degëza të freskëta të koprës

UDHËZIME:
a) Filetat e peshkut të bardhë të tymosur i grini në copa të vogla.

b) Përhapeni krem djathi në secilën gjysmë bagel të thekur.

c) Mbi kremin e djathit hidhet sipër peshku i bardhë i tymosur.

d) Sipër peshkut spërkatni kaperi dhe qepë të kuqe të prera në feta.

e) Dekoroni me degëza të freskëta të koprës.

f) Shërbejeni menjëherë peshkun e bardhë të tymosur dhe bagels krem djathi.

8.Peshku i bardhë dhe Hashi i patates

PËRBËRËSIT:
- 2 fileto peshku të bardhë
- 2 gota patate të prera në kubikë
- 1/2 filxhan qepë të prera në kubikë
- 1/2 filxhan speca zile të prera në kubikë
- 2 luge vaj ulliri
- Kripë dhe piper për shije
- 1/2 lugë çaji paprika
- 1/4 lugë çaji pluhur hudhër
- Majdanoz i freskët për zbukurim

UDHËZIME:
a) I rregulloni filetot e peshkut të bardhë me kripë, piper, paprika dhe hudhër pluhur.
b) Në një tigan të madh, ngrohni vajin e ullirit mbi nxehtësinë mesatare. Shtoni patatet e prera në kubikë dhe ziejini derisa të marrin ngjyrë kafe të artë dhe të bëhen krokante, duke i përzier herë pas here.
c) Shtoni qepët e prera në kubikë dhe specat në tigan. Gatuani derisa të jenë zbutur.
d) Shtyjeni përzierjen e pataleve në njërën anë të tiganit dhe shtoni filetot e peshkut të kalitur në anën tjetër. Gatuani peshkun derisa të jetë gatuar, rreth 3-4 minuta nga çdo anë.
e) Peshkun e gatuar e ndajmë në copa të vogla dhe e përziejmë me hashin e patates.
f) Dekoroni me majdanoz të freskët.
g) Shërbejeni peshkun e bardhë dhe hash patate të nxehtë.

9.Mëngjesi i peshkut të bardhë Burrito

PËRBËRËSIT:
- 2 fileto peshku të bardhë
- 4 tortilla të mëdha me miell
- 4 vezë
- 1/4 filxhan qumësht
- 1/2 filxhan djathë çedër të grirë
- 1/4 filxhan salsa
- Kripë dhe piper për shije
- 2 luge vaj ulliri

UDHËZIME:
a) I rregullojmë filetot e peshkut të bardhë me kripë dhe piper.
b) Ngrohni vajin e ullirit në një tigan që nuk ngjit mbi nxehtësinë mesatare. Ziejini filetot e peshkut derisa të jenë gatuar, rreth 3-4 minuta për anë. Hiqeni nga tigani dhe lërini mënjanë.
c) Në një enë rrihni vezët me qumësht, kripë dhe piper.
d) Në të njëjtën tigan, derdhni përzierjen e vezëve dhe gatuajeni, duke i trazuar lehtë, derisa vezët të fërgohen dhe të gatuhen në konsistencën e dëshiruar.
e) Peshkun e zier e qitni në copa të vogla dhe i shtoni në tigan me vezët e fërguara. Përziejini për t'u bashkuar.
f) Ngroheni tortillat me miell në një tigan të thatë ose mikrovalë.
g) Ndani përzierjen e peshkut dhe vezëve në secilën tortilla. Sipër shtoni djathin çedër të grirë dhe salsa.
h) Rrotulloni tortillat për të formuar burrito.
i) Shërbejini burritot e mëngjesit të peshkut të bardhë të ngrohtë.

10.Dolli me peshk të bardhë dhe avokado

PËRBËRËSIT:
- 2 fileto peshku të bardhë
- 4 feta bukë gruri integrale, të thekura
- 1 avokado, e grirë
- Lëng 1/2 limoni
- Kripë dhe piper për shije
- Thekon spec të kuq (opsionale)
- Gjethet e freskëta të cilantros për zbukurim

UDHËZIME:
a) I rregullojmë filetot e peshkut të bardhë me kripë dhe piper.
b) Nxehni një tigan që nuk ngjit mbi nxehtësinë mesatare. Ziejini filetot e peshkut derisa të jenë gatuar, rreth 3-4 minuta për anë. I heqim nga tigani dhe i leme te ftohen pak.
c) Peshkun e gatuar e qitni në copa të vogla.
d) Në një tas, kombinoni avokadon e grirë, lëngun e limonit, kripën, piperin dhe thekonet e piperit të kuq (nëse përdorni).
e) Përhapeni përzierjen e avokados në mënyrë të barabartë në secilën fetë bukë të thekur.
f) Mbi tostin e avokados hidhet sipër peshku i bardhë i grirë.
g) Dekoroni me gjethe të freskëta cilantro.
h) Shërbejeni menjëherë peshkun e bardhë dhe tostin me avokado.

11. Peshku i Bardhë dhe Frittata Asparagus

PËRBËRËSIT:
- 2 fileto peshku të bardhë
- 8 shtiza asparagus, të prera dhe të prera në copa 1 inç
- 6 vezë
- 1/4 filxhan qumësht
- 1/4 filxhan djathë parmixhano të grirë
- Kripë dhe piper për shije
- 1 luge vaj ulliri

UDHËZIME:
a) I rregullojmë filetot e peshkut të bardhë me kripë dhe piper.
b) Ngrohni vajin e ullirit në një tigan të sigurt për furrë mbi nxehtësinë mesatare. Ziejini filetot e peshkut derisa të jenë gatuar, rreth 3-4 minuta për anë. Hiqeni nga tigani dhe lërini mënjanë.
c) Në të njëjtën tigan, shtoni copat e shpargut dhe gatuajeni derisa të jenë të buta.
d) Në një enë rrihni vezët me qumësht, djathin parmixhano të grirë, kripë dhe piper.
e) Derdhni përzierjen e vezëve mbi shpargujt në tigan. Gatuani për 2-3 minuta derisa skajet të vendosen.
f) Peshkun e gatuar e qitni në copa të vogla dhe i shpërndani në mënyrë të barabartë mbi përzierjen e vezëve.
g) Transferoni tiganin në një furrë të nxehur më parë dhe ziejini për 3-4 minuta derisa frittata të jetë vendosur dhe të marrë ngjyrë të artë sipër.
h) E heqim nga furra dhe e lëmë të ftohet pak para se ta presim në feta.

i) Shërbejeni peshkun e bardhë dhe frittatën e shpargut të ngrohtë ose në temperaturën e dhomës.

MEZHET

12. Shkopinj peshku të pjekur me flake misri

PËRBËRËSIT:

- 1 kile fileto peshku të bardhë (si merluci ose merluci), të prera në shirita
- 2 gota cornflakes, të grimcuara
- $\frac{1}{2}$ filxhan miell për të gjitha përdorimet
- 1 lugë çaji paprika
- $\frac{1}{2}$ lugë çaji pluhur hudhër
- $\frac{1}{2}$ lugë çaji pluhur qepë
- Kripë dhe piper për shije
- 2 vezë, të rrahura
- Llak gatimi ose vaj vegjetal

PËR salcën e zhytjes:

- $\frac{1}{2}$ filxhan majonezë
- 2 lugë gjelle ketchup
- 1 lugë gjelle shije të ëmbël turshi
- $\frac{1}{2}$ lugë çaji lëng limoni
- Kripë dhe piper për shije

UDHËZIME:

a) Ngrohni furrën tuaj në 425°F (220°C) dhe shtroni një fletë pjekjeje me letër pergamene ose lyejeni pak me yndyrë.

b) Në një pjatë të cekët, kombinoni floket e grimcuara, miellin, paprikën, pluhurin e hudhrës, pluhurin e qepës, kripën dhe piperin.

c) Zhytni çdo shirit peshku në vezët e rrahura, duke lejuar që të pikojë çdo tepricë, më pas shtypni peshkun në përzierjen e kornflakut, duke e lyer mirë nga të gjitha anët.

d) Vendosni shiritat e peshkut të veshur në fletën e përgatitur të pjekjes, duke i ndarë ato.

e) Spërkatni lehtë shiritat e peshkut me llak gatimi ose i spërkatni me pak vaj vegjetal për t'i ndihmuar të skuqen në furrë.

f) Piqeni në furrën e nxehur më parë për 12-15 minuta, ose derisa peshku të jetë gatuar dhe shtresa të jetë kafe e artë dhe krokante.

g) Ndërsa shkopinjtë e peshkut janë duke u pjekur, përgatisni salcën e zhytjes duke kombinuar majonezën, ketchup, shijet e ëmbël të turshive, lëngun e limonit, kripën dhe piperin në një tas të vogël. Përziejini mirë.

h) Pasi shkopinjtë e peshkut të jenë gati, i hiqni nga furra dhe i lini të ftohen për disa minuta.

i) Shërbejini shkopinjtë e peshkut të pjekur me kornflake me salcën e zhytjes anash.

13. Kroketa me peshk të bardhë

PËRBËRËSIT:
- 2 fileto peshku të bardhë, të ziera dhe të grira
- 1 filxhan pure patate
- 1/4 filxhan qepë të grirë hollë
- 1/4 filxhan piper zile të grirë hollë
- 2 thelpinj hudhre, te grira
- 1/4 filxhan majdanoz të freskët të grirë
- 1/4 lugë çaji paprika
- Kripë dhe piper për shije
- 1/2 filxhan thërrime buke
- 2 vezë, të rrahura
- Vaj vegjetal për tiganisje

UDHËZIME:
a) Në një tas, kombinoni peshkun e bardhë të grirë, patatet e grira, qepën e grirë, piperin e grirë, hudhrën e grirë, majdanozin e grirë, paprikën, kripën dhe piperin. Përziejini mirë.
b) Formoni përzierjen në kroketa të vogla.
c) Zhytni çdo kroket në vezët e rrahura dhe më pas rrotullojeni në thërrime buke për t'u lyer.
d) Ngrohni vajin vegjetal në një tigan mbi nxehtësinë mesatare. Skuqini kroketat deri në kafe të artë nga të gjitha anët, rreth 2-3 minuta për çdo anë.
e) Hiqeni nga tigani dhe kullojeni në një peshqir letre.
f) Kroketat e peshkut të bardhë i shërbejmë të nxehta si meze.

14. Mbështjelljet e maruleve të peshkut të bardhë

PËRBËRËSIT:
- 2 fileto peshku të bardhë, të ziera dhe të grira
- 8 gjethe të mëdha marule (të tilla si marule gjalpë ose ajsberg)
- 1/2 filxhan karota të grira
- 1/2 filxhan kastravec të prerë në feta
- 1/4 filxhan kikirikë të copëtuar
- 1/4 filxhan cilantro të freskët të copëtuar
- 2 lugë salcë soje
- 1 lugë gjelle vaj susami
- 1 lugë gjelle lëng limoni
- 1 lugë mjaltë
- Kripë dhe piper për shije

UDHËZIME:
a) Në një tas, kombinoni peshkun e bardhë të grirë, karotat e grira, kastravecin e prerë në feta, kikirikët e grirë dhe cilantro të copëtuar.
b) Në një tas të veçantë, përzieni salcën e sojës, vajin e susamit, lëngun e limonit, mjaltin, kripën dhe piperin.
c) Hidheni salcën mbi përzierjen e peshkut dhe hidheni të lyhet.
d) Hidhni me lugë përzierjen e peshkut mbi gjethet e marules.
e) Rrotulloni gjethet e marules për të formuar mbështjellje.
f) Shërbejini mbështjelljet e maruleve të peshkut të bardhë si një meze freskuese.

15. Kafshimet e peshkut të bardhë dhe avokados

PËRBËRËSIT:
- 2 fileto peshku të bardhë, të ziera dhe të grira
- 1 avokado e pjekur, e grirë
- 1 lugë gjelle lëng limoni
- 1/4 lugë çaji pluhur djegës
- Kripë dhe piper për shije
- Mini filxhanë ose feta kastraveci

UDHËZIME:
a) Në një tas, kombinoni peshkun e bardhë të grirë, avokadon e grirë, lëngun e limonit, pluhurin djegës, kripën dhe piperin. Përziejini mirë.

b) Hidhni me lugë përzierjen e peshkut dhe avokados në mini filxhanë ose në feta kastraveci.

c) Shërbejini kafshimet e peshkut të bardhë dhe avokados të ftohta.

16. Brusketa e peshkut të bardhë

PËRBËRËSIT:

- 2 fileto peshku të bardhë, të ziera dhe të grira
- 1 filxhan domate të prera në kubikë
- 1/4 filxhan borzilok të freskët të copëtuar
- 2 thelpinj hudhre, te grira
- 1 luge uthull balsamike
- 1 luge vaj ulliri
- Kripë dhe piper për shije
- Feta baguette, të thekura

UDHËZIME:

a) Në një tas bashkojmë peshkun e bardhë të grirë, domatet e prera në kubikë, borzilokun e grirë, hudhrën e grirë, uthullën balsamike, vajin e ullirit, kripën dhe piperin. Përziejini mirë.

b) Hidhni me lugë përzierjen e peshkut dhe domateve mbi fetat e baguetit të thekur.

c) Shërbejeni brusketën e peshkut të bardhë si meze.

17. Skuqje me peshk të bardhë dhe kungull i njomë

PËRBËRËSIT:
- 2 fileto peshku të bardhë, të ziera dhe të grira
- 1 kungull i njomë, i grirë dhe lagështia e tepërt e shtrydhur
- 1/4 filxhan qepë të grirë hollë
- 2 thelpinj hudhre, te grira
- 1/4 filxhan kopër të freskët të copëtuar
- 1/4 filxhan djathë parmixhano të grirë
- 2 vezë, të rrahura
- Kripë dhe piper për shije
- Vaj vegjetal për tiganisje

UDHËZIME:
a) Në një enë bashkojmë peshkun e bardhë të grirë, kungull i njomë, qepën e grirë, hudhrën e grirë, koprën e grirë, djathin parmixhano të grirë, vezët e rrahura, kripën dhe piperin. Përziejini mirë.
b) Ngrohni vajin vegjetal në një tigan mbi nxehtësinë mesatare. Hidhni lugë nga përzierja e peshkut dhe kungujve të njomë në tigan, duke i rrafshuar pak me pjesën e pasme të një luge.
c) Skuqini skuqjet deri në kafe të artë nga të dyja anët, rreth 2-3 minuta për çdo anë.
d) Hiqeni nga tigani dhe kullojeni në një peshqir letre.
e) Shërbejini peshkun e bardhë dhe skuqjet e kungujve të njomë të nxehtë si një meze të shijshme.

18. Rrotulla Sushi Peshku i Bardhë

PËRBËRËSIT:

- 2 fileto peshku të bardhë, të ziera dhe të prera në rripa të hollë
- Oriz sushi
- Fletët e algave të detit Nori
- Avokado e prerë në feta
- Kastravec i prerë në feta
- Salcë soje, për zhytje
- Wasabi dhe xhenxhefil turshi, për servirje

UDHËZIME:

a) Vendosni një fletë me alga deti nori në një tapet sushi me bambu.
b) Përhapeni një shtresë të hollë orizi sushi mbi nori, duke lënë rreth një centimetër në krye.
c) Rregulloni fetat e peshkut të bardhë, avokados dhe kastravecit në një vijë përgjatë qendrës së orizit.
d) Rrokullisni fort sushin duke përdorur tapetin e bambusë, duke ushtruar presion të butë ndërsa shkoni.
e) Pritini rrotullën e sushit në copa të madhësisë së një kafshimi.
f) Përsëriteni me përbërësit e mbetur.
g) Shërbejini rrotullat e sushi të peshkut të bardhë me salcë soje, wasabi dhe xhenxhefil turshi.

19. Tartari i peshkut të bardhë

PËRBËRËSIT:
- 2 fileto peshku të bardhë, të grira hollë
- 1/4 filxhan qepë të kuqe të grirë hollë
- 1/4 filxhan kastravec të grirë hollë
- 1 lugë gjelle kaperi të kulluar dhe të grirë
- 1 lugë gjelle kopër të freskët të copëtuar
- 1 lugë gjelle lëng limoni
- 1 luge vaj ulliri
- Kripë dhe piper për shije
- Crostini ose krisur, për servirje

UDHËZIME:
a) Në një enë bashkojmë peshkun e bardhë të grirë hollë, qepën e kuqe të grirë, kastravecin e grirë, kaperin, koprën e grirë, lëngun e limonit, vajin e ullirit, kripën dhe piperin. Përziejini mirë.

b) Lëreni tartarin e peshkut të bardhë të marinohet në frigorifer për rreth 30 minuta në mënyrë që shijet të bashkohen.

c) Shërbejeni tartaren e peshkut të bardhë të ftohtë me crostini ose krisur.

20. Skewers Peshku i Bardhë

PËRBËRËSIT:
- 2 fileto peshku të bardhë, të prera në kubikë sa një kafshatë
- Domate qershi
- Pika limoni
- Vaj ulliri
- Kripë dhe piper për shije
- Skewers

UDHËZIME:
a) Ngrohni paraprakisht një skarë ose tigan mbi nxehtësinë mesatare-të lartë.
b) Vendosni kubet e peshkut të bardhë, domatet qershi dhe pykat e limonit në hell, duke alternuar përbërësit.
c) I lyejmë hellet me vaj ulliri dhe i rregullojmë me kripë dhe piper.
d) Grijini hellet në skarë për rreth 2-3 minuta nga çdo anë derisa peshku të piqet dhe të jetë djegur lehtë.
e) Hiqini nga grili dhe shërbejini hellet e peshkut të bardhë të nxehtë si meze.

21.Dip Peshku i Bardhë

PËRBËRËSIT:
- 2 fileto peshku të bardhë, të ziera dhe të grira
- 1/2 filxhan majonezë
- 1/4 filxhan salcë kosi
- 1 lugë gjelle lëng limoni
- 1/2 lugë çaji erëza Old Bay
- 1/4 lugë çaji pluhur hudhër
- Kripë dhe piper për shije
- Crakera të ndryshme ose feta buke, për servirje

UDHËZIME:
a) Në një tas, kombinoni peshkun e bardhë të grirë, majonezën, salcën e thartë, lëngun e limonit, erëzat e Old Bay, pluhurin e hudhrës, kripën dhe piperin. Përziejini mirë.
b) Rregulloni erëzat sipas shijes.
c) Shërbejeni dip peshkun e bardhë të ftohur me biskota të ndryshme ose feta buke.

Ceviçe

22.Habaño ceviche

PËRBËRËSIT:

- 6 Habañero; i copëtuar mirë
- 1 kile peshk i bardhë i fortë; në kubikë
- 1 qepë; të prera në mënyrë të trashë
- 1½ filxhan lëng limoni
- ½ filxhan Vaj

UDHËZIME:

a) Kombinoni të gjithë përbërësit dhe vendoseni në frigorifer për të paktën gjashtë orë derisa peshku të humbasë tejdukshmërinë e tij dhe të bëhet i errët.

23. Ceviche Blanco Chingon

PËRBËRËSIT:
- 1 jalapeño
- 1 tufë Cilantro
- 1 Habanero
- 3 Gëlqere
- ½ mango
- ½ qepë e kuqe
- 1 majë kripë
- 1 majë piper
- 1 majë kripë selino
- 1 pikë qumësht kokosi
- 1 pike vaj ulliri
- 3 fileto të mëdha peshku të prera në kubikë

UDHËZIME:
a) Pritini gjithçka super mirë
b) Përziejini

24. Ceviche Chingon

PËRBËRËSIT:

- 1 paund (450 g) fileto të freskëta të peshkut të bardhë (të tilla si tilapia ose snapper), të prera në kubikë të vegjël
- 1 filxhan lëng limoni të freskët
- 1 filxhan domate të prera në kubikë
- 1/2 filxhan qepë të kuqe të prerë në kubikë
- 1/2 filxhan cilantro e freskët e copëtuar
- 1 spec jalapeño, me fara dhe të grirë hollë
- 1 avokado, e prerë në kubikë
- Kripë dhe piper për shije
- Patate të skuqura tortilla ose tostada, për servirje

UDHËZIME:

a) Vendosni kubet e peshkut në një enë qelqi ose qeramike dhe derdhni mbi to lëngun e limonit. Sigurohuni që të gjithë peshqit të jenë zhytur në lëng. E lemë të marinohet në frigorifer për rreth 20-30 minuta duke e përzier herë pas here derisa peshku të bëhet i errët dhe të "zihet" në lëngun e limonit. Ky proces quhet "gatimi" i peshkut në lëngun e agrumeve.

b) Ndërsa peshku marinohet, përgatitni pjesën tjetër të përbërësve. Pritini në kubikë domatet, qepën e kuqe, piperin jalapeño dhe avokadon. Prisni cilantron.

c) Kullojeni lëngun e tepërt të limonit nga peshku. Mund ta shtypni peshkun butësisht në një kullesë ose sitë për të hequr pjesën më të madhe të lëngut.

d) Në një tas të madh, kombinoni peshkun e marinuar, domatet e prera në kubikë, qepën e kuqe, piperin jalapeño dhe cilantro të copëtuar. Përziejini mirë.

e) Palosni butësisht avokadon e prerë në kubikë, duke pasur kujdes që të mos e grini shumë. Avokado i shton kremin ceviçes.

f) I rregullojmë me kripë dhe piper sipas shijes. Mos harroni se peshku ishte marinuar me lëng gëlqereje, kështu që rregulloni erëzat në përputhje me rrethanat.

g) Lëreni ceviçen të ftohet në frigorifer për rreth 15-20 minuta në mënyrë që shijet të bashkohen.

h) Shërbejeni Ceviche Chingon të ftohur me patate të skuqura tortilla ose tostada anash. Nëse dëshironi, mund ta zbukuroni me gjethe ekstra cilantro, copa gëlqereje ose jalapeños të prera në feta.

25. Mango meksikane dhe peshku i bardhë Ceviche

PËRBËRËSIT:
- 2 kilogramë peshk i bardhë, i prerë në kubikë të vegjël
- 4 lime, të lëngshme
- ½ portokall, me lëng
- 1 luge vaj ulliri
- 1 spec jeshil djegës, i grirë
- 2 mango, të prera në kubikë
- 5 qepë të njoma, të grira
- 3 domate, të prera dhe të prera
- ½ filxhan cilantro e freskët e copëtuar
- kripë dhe piper i zi i bluar për shije

UDHËZIME:
a) Kombinoni peshkun e bardhë, lëngun e limonit, lëngun e portokallit, vajin dhe specin djegës në një enë qelqi ose qeramike. Mbulojeni me mbështjellës plastik dhe vendoseni në frigorifer për 90 minuta.

b) Përziejini mangot dhe qepët e njoma, mbulojeni dhe ftohuni për 10 minuta të tjera.

c) Palosni butësisht domatet dhe cilantro. I rregullojmë me kripë dhe piper dhe e shërbejmë menjëherë.

26.Ceviche tacos

PËRBËRËSIT:
- 1 ½ paund Fileto snapper të kuqe; në copa ½ inç
- Lëng nga 10 lime
- 1 qepë; i grirë imët
- 1 piper Jalapeno; me fara/copëtuar imët
- 14 ½ ons kanaçe domate
- ½ filxhan kokrra misri
- ¼ filxhan cilantro e copëtuar
- 2 luge vaj ulliri
- 2 lugë Catsup
- 1 lugë gjelle salcë Worcestershire
- ½ lugë çaji rigon të tharë
- Kripë; për shije
- 8 tortilla misri
- 1 qepë e kuqe; të prera hollë
- 1 avokado; i qëruar/i prerë në feta

UDHËZIME:
a) Në një tas të madh qelqi ose alumini jo reaktiv, kombinoni butësisht peshkun dhe lëngun e limonit. Mbuloje ni, vendoseni në frigorifer dhe marinojini gjatë natës.

b) Kur të hiqni peshkun në mëngjes, ai do të "gatohet" dhe do të jetë i sigurt për t'u ngrënë.

c) Kur të jeni gati për të shërbyer tacos, kombinoni qepën, jalapeno, domatet, cilantro misri, vaj ulliri, catsup, salcën Worcestershire dhe rigon në një tas të madh qelqi. Përziejini mirë. I rregullojmë me kripë për shije.

d) Kullojeni dhe shpëlajeni peshkun, shtoni në përzierjen e domates dhe përziejeni butësisht për të mbuluar.

e) Ngrohni tortillat në mikrovalë ose furrë. Vendosni $\frac{1}{8}$ të përzierjes së peshkut në tortilla dhe zbukurojeni me qepë të kuqe dhe avokado.

27. Qepëse Wasabi sallatë ceviche

PËRBËRËSIT:
- 600 gram fileto snapper të prera në kubikë
- ¼ filxhan Namida Wasabi Vodka
- ½ filxhan Lëng Lime
- 1 Lëkurë gëlqereje
- 2 lugë tabasko; ose për shije
- 1 lugë gjelle Sheqer
- 1 lugë çaji Kripë
- 1 filxhan lëng domate
- 1 qepë e vogël e kuqe; i grirë imët
- 2 domate; me bërthama, me fara, të grira
- 1 piper i kuq; me bërthamë, me fara, me feta
- 2 lugë gjelle koriandër

UDHËZIME:
a) Përzieni shtatë artikujt e parë.
b) Mbulojeni dhe vendoseni në frigorifer për të paktën 1 orë.
c) Zbuloni dhe shtoni pjesën tjetër të përbërësve.
d) Përziejini gjithçka mirë.
e) Hidheni në një tas të madh.
f) Shërbejeni me një tas tjetër të mbushur me zarzavate sallate dhe një tas me majonezë Wasabi.

28. Levreku Ceviche

PËRBËRËSIT:
- 400 gr fileto të freskëta levreku, të prera në kubikë 1 cm
- 1 lugë çaji kripë
- lëng nga 5 lime me yndyrë
- ½ qepë e kuqe, e prerë shumë hollë
- 3 ose 4 speca djegës të kuq të nxehtë (p.sh. syri i shpendëve), të grira hollë
- 1 tufë e vogël koriandër, e grirë
- piper i zi i sapo bluar
- një pak vaj ulliri, për ta shërbyer

UDHËZIME:
a) Vendosni peshkun e prerë në një tas. Spërkateni sipër kripën duke e trazuar mirë që të përzihet.
b) Lëreni të pushojë për 5 minuta.
c) Në një tas ose enë të veçantë, përzieni lëngun e limonit, qepën, specin djegës, koriandërin dhe një grirë të mirë piper të zi.
d) Rreth 10 minuta para se të dëshironi të shërbeni, thjesht derdhni marinadën mbi peshkun, përzieni mirë dhe lëreni të pushojë. Për ta servirur, hidheni me lugë në gota të vogla ose grumbullojeni në një pjatë dhe spërkatni me pak vaj ulliri.

29. Ceviche me avokado, domate qershi dhe qepë të pranverës

PËRBËRËSIT:
- 1 tufë qepë
- 5-6 lime
- 1 kuti domate qershi
- 1 levrek me fileto
- 2 djegës të gjelbër
- ½ piper i kuq
- 1 avokado (opsionale)
- Koriandër

UDHËZIME:

a) Filloni duke copëtuar qepët dhe piperin në kubikë shumë të vegjël.

b) Pritini peshkun në kubikë të vegjël dhe mbulojeni me lëng gëlqereje. Duhet të mbulohet plotësisht në mënyrë që lëngu të 'gatojë' peshkun. Mbulojeni dhe lëreni në frigorifer për 1 orë

c) Ndërkohë presim domatet duke hequr farat dhe i presim në kubikë të vegjël. Gjithashtu, përgatisni avokadon djegësin duke hequr farat (ose lërini brenda nëse ju pëlqen më pikant) dhe koriandër.

d) Hiqeni peshkun nga frigoriferi dhe kullojeni lëngun e limonit duke e lënë peshkun e 'gatuar' në tas.

e) Përziejini të gjitha mirë me pak vaj ulliri ekstra të virgjër dhe shërbejeni me një tortilla dhe një kosi pisko për pije.

30. Ceviche de Corvina Stili i Panamasë

PËRBËRËSIT:
- 3 paund Corvina (levrek i bardhë)
- 1 ½ filxhan Lëng Lime
- 1 ½ kilogramë qepë
- ½ Aji Chombo (piper Habanero)
- 1 fetë cilantro (koriandër)
- 1 fetë Cilantro (koriandër meksikan ose të gjatë)
- 1 lugë çaji uthull
- 1 kripë
- 1 pako Crackers me kripë

UDHËZIME:
a) Fillimisht filetojeni peshkun dhe filetot i vendosni në ujë të ftohtë me akull dhe kripë për 1 orë.
b) Pritini qepët në katrorë të vegjël.
c) Shtrydhni lime derisa të keni rreth 1 ½ filxhan. (I vendosim në mikrovalë për 30 sekonda dhe më pas i rrotullojmë duke i shtypur për të marrë sa më shumë lëng)
d) Pritini gjysmën e një Aji Chombo në copa shumë të vogla (ose shtoni nxehtësinë sa të nevojitet)
e) Merrni një sasi të vogël cilantro dhe cilantro rreth një lugë çaji secila dhe pritini në copa të vogla.
f) Pas 1 ore i kullojmë filetot dhe i presim në katrorë të vegjël shtojmë disa majë kripë dhe i përziejmë në një tas.
g) Tani shtoni Aji Chombo, Cilantro, Cilantro dhe Qepë dhe përzieni pak.
h) Shtoni lëngun e limonit dhe një lugë çaji uthull të bardhë derisa gjithçka të mbulohet me lëng.
i) Lëngu i gëlqeres do të "gatojë ose kurojë" peshkun në 3 orë. Stili panamez 24 orë. Më pas mund të ngrihet ose të ruhet në frigorifer.

j) Hani me kripura të kripura, patate të skuqura Yuka dhe patate të skuqura plantain.

31. Halibut ceviche me grejpfrut dhe djegës

PËRBËRËSIT:
- 1 kile fileto halibut
- ½ filxhan lëng gëlqereje të freskët të shtrydhur
- 6 lugë gjelle lëng grejpfruti të freskët të shtrydhur
- 1 Grejpfrut i plotë
- ½ lugë çaji hudhër shumë të grirë hollë
- 2 lugë djegës të kuq të grirë shumë imët
- 1 lugë gjelle djegës jeshil të grirë shumë imët
- 2 lugë gjelle (të paketuara) byrynxhyk me nenexhik të freskët

GARNISH
- Salcë nxehtë
- Vaj ulliri ekstra i virgjer

UDHËZIME:
a) Me një thikë shumë të mprehtë, prijeni shojzën në feta të holla të gjera. Vendoseni në një tas dhe hidhni lëngun e limonit dhe lëngun e grejpfrutit. Lëreni të qëndrojë në temperaturën e dhomës për 15 minuta.

b) Ndërkohë presim grejpfrutin përgjysmë, në ekuator dhe duke përdorur një thikë grejpfruti, presim copa grejpfruti.

c) Pritini secilën pjesë në gjysmë, për një kohë të gjatë. Kur të jeni gati për të shërbyer ceviche, kullojeni plotësisht lëngun nga shojza dhe hidheni lëngun.

d) Shtoni copa grejpfrut tek peshku, së bashku me hudhrën, specin djegës të kuq, djegësin jeshil dhe nenexhikun.

e) Hidheni butësisht. Ndani në 6 pjata, duke shtruar shiritat e shojzës në çdo pjatë. Spërkateni me kripë të trashë, spërkatni me salcë të nxehtë dhe spërkatni me vaj ulliri ekstra të virgjër.

f) Shërbejeni menjëherë.

32. Halibut-Mango Ceviche

PËRBËRËSIT:
- 1 ½ paund pa lëkurë, pa kocka, i prerë në kube ½ inç
- ⅓ filxhan lëng limoni të freskët
- ¼ filxhan lëng limoni të freskët
- ¼ filxhan tequila
- 3 speca jalapeno, të grira dhe të grira
- 1 mango - e qëruar, e prerë me fara dhe e prerë në kubikë
- 1 spec zile jeshile, me fara dhe të grirë hollë
- ½ filxhan Vidalia të grirë hollë ose qepë tjetër të ëmbël
- ½ filxhan qepë të kuqe të grirë hollë
- 1 mango - e qëruar, e prerë me fara dhe e prerë në kubikë
- ½ tufë me cilantro të freskët të copëtuar
- ¼ filxhan majdanoz të freskët të grirë
- 1 lugë çaji kripë, ose sipas shijes

UDHËZIME:
a) Në një tas jo metalik kombinoni halibut të prerë në kubikë, lëng limoni, lëng limoni, tekila, speca jalapeno të grirë dhe 1 mango të prerë në kubikë. Mbulojeni dhe vendoseni në frigorifer për 1 orë e gjysmë.

b) Pasi ceviche të ketë qëndruar për 1 orë e gjysmë, shtoni piperin jeshil, qepën e ëmbël dhe qepën e kuqe. Përziejini mirë, më pas rikuperoni dhe vendoseni në frigorifer për 30 minuta të tjera.

c) Palosni mangon e mbetur të prerë në kubikë, cilantro dhe majdanoz; sezoni për shije me kripë përpara se ta shërbeni.

33. Mahi mahi ceviçe

PËRBËRËSIT:
- 1 paund Mahi Mahi, i prerë në kubikë të vegjël
- ½ filxhan lëng limoni të freskët
- ½ filxhan lëng limoni i freskët
- 1 lugë gjelle Tabasko
- 2 lugë gjelle kripë Kosher
- 3 kube të vogla domate 5x6
- 1 kube të vogla qepë të verdha të mëdha
- ½ e cilantro e freskët e copëtuar

UDHËZIME:
a) Nga librat e recetave të shefit të kuzhinës Sergio Verduzco: Përziejini të gjithë përbërësit dhe lërini të marinohen për të paktën 1 orë.

b) Kullojeni lëngun e tepërt dhe vendoseni në frigorifer. E mirë për maksimum 3 ditë.

c) Hidhni mbetjet pas 3 ditësh.

34.Ceviche e peshkut murg me avokado

PËRBËRËSIT:
- 500 g (1 lb) fileto peshku murg
- lëng nga 3 lime
- 1 djegës i kuq mesatarisht i nxehtë, i përgjysmuar dhe i pa fara
- 1 qepë e vogël e kuqe
- 6 domate të pjekura në hardhi, të pastruara me lëkurë
- 3 lugë vaj ulliri ekstra të virgjër
- 2 lugë gjelle koriandër të freskët të grirë
- 1 avokado e madhe e pjekur por e fortë

UDHËZIME:
a) Hidhni peshkun murg mbi lëngun e limonit, duke u siguruar që të gjitha fetat e peshkut të jenë plotësisht të lyera me lëng.

b) Ndërkohë, preni çdo gjysmë spec djegës në mënyrë që të merrni feta shumë të holla, pak të dredhura. Pritini qepën në katër pjesë dhe më pas priteni secilën pykë për së gjati në feta të holla në formë harku. Pritini çdo domate në katër pjesë dhe hiqni farat. Pritini secilën pjesë të mishit për së gjati në feta të holla në formë harku.

c) Pak para se të jeni gati për t'u shërbyer, hiqni peshkun murg nga lëngu i limonit me një lugë të prerë dhe vendoseni në një tas të madh me djegës, qepë, domate, vaj ulliri, pjesën më të madhe të korianderit dhe pak kripë për shije. I përziejmë së bashku lehtë.

d) Përgjysmoni avokadon, hiqni gurin dhe qëroni. Pritini secilën gjysmë për së gjati në feta të holla. Rregulloni 3-4 feta avokado në njërën anë të çdo pjate. Mblidheni ceviçen në anën tjetër dhe spërkatni me pjesën tjetër të korianderit. Shërbejeni menjëherë.

35. Ceviche murg me kokos dhe gëlqere

PËRBËRËSIT:

- 350 gram bisht peshku murg; (e prerë nga e gjithë lëkura)
- 4 qepë të pranverës
- Lëkura dhe lëngu i 2 lime
- ½ djegës i kuq
- 5 lugë krem kokosi
- ¼ qepë e kuqe
- 1 lugë gjelle qiqra të freskëta
- ¼ lugë çaji sheqer pluhur
- Kripë për shije
- ½ djegës i kuq
- 1 Mango e pjekur e fortë
- 1 copë xhenxhefil të freskët
- ½ lugë çaji sheqer pluhur
- 1 grusht gjethe koriandër
- 2 domate kumbulla; (2 deri në 3)
- Kripë deti

UDHËZIME:

a) Pritini qepët e freskëta për së gjati dhe vendosini në një tas me ujë të ftohtë në frigorifer derisa të ndahen dhe të përkulen. Kjo do të zgjasë rreth 45 minuta.

b) Përzieni kokosin dhe gëlqeren për të filluar marinadën. E presim shumë imët qepën e kuqe. Shtoni këtë në marinadën e gëlqeres. Shtoni kripë dhe sheqer për shije dhe ftohuni.

c) Bëni shije. Pritini koriandrin, specin djegës në kubikë, qëroni dhe grijeni xhenxhefilin, grijeni mangon në kubikë, domatet (vetëm mishin) dhe përzieni gjithçka. Spërkateni lehtë me kripë deti dhe ftoheni.

d) Pritini peshkun murg mjaft hollë në medalje. Vendoseni në një enë të sheshtë dhe spërkatni me marinadë. Vendoseni përsëri në frigorifer. Pas 10 minutash, kthejeni peshkun në marinadë. Peshku do të zbardhet dhe do të duket "i gatuar" kur të jetë gati (dmth. ka thithur shijet dhe gëlqerja ka ndryshuar gjendjen e proteinave) Vendosni pak shije në secilën pjatë. Sipër vendosni feta peshku murg.

e) Zbukuroni me disa kaçurrela qepë të kulluara dhe më pas derdhni marinadën e kokosit mbi peshkun rreth pjatës.

36. Ceviche peshku

PËRBËRËSIT:
- 4 domate
- 2 kastraveca
- 1 karotë
- 12 Lime
- 1 Mango
- 1 Portokalli
- Grusht Cilantro
- ½ qepë
- 1 ½ kg Tilapia

UDHËZIME:
a) Pritini në kubikë domatet, qepën dhe mangon. Pritini karotën. Prisni cilantro.

b) Në një tigan zieni ujin me kripë dhe hudhër. Vendosini peshqit në një tigan derisa të duken të bardhë.

c) Hidhni tilapinë në lëngun e gëlqeres dhe portokallit. I rregullojmë me piper, kripë dhe hudhër. Ju mund të shtoni një majë rigon dhe pak lëng jalapeño për t'i dhënë shije. Lëreni të qëndrojë për 30 minuta.

d) Përziejini gjithçka. Shtoni kripë për shije.

37. Peshku i pjekur me barishte limoni

PËRBËRËSIT:
- 4 fileto peshku të bardhë (si merluci, tilapia ose tabani)
- ½ filxhan përzierje për pjekje Bisquick
- ½ lugë çaji trumzë e thatë
- ½ lugë çaji majdanoz i tharë
- ½ lugë çaji pluhur hudhër
- ¼ lugë çaji kripë
- ¼ lugë çaji piper i zi
- Lëkura e 1 limoni
- 2 lugë gjalpë të shkrirë
- 2 lugë gjelle lëng limoni
- Copa limoni, për servirje
- Majdanoz i freskët, për zbukurim (opsionale)

UDHËZIME:
a) Ngrohni furrën në 400°F (200°C). Lyejmë një enë pjekjeje ose e shtrojmë me letër furre.
b) Në një enë të cekët, kombinoni përzierjen e pjekjes Bisquick, trumzën e thatë, majdanozin e thatë, hudhrën pluhur, kripën, piperin e zi dhe lëkurën e limonit.
c) Në një tas të veçantë, përzieni gjalpin e shkrirë dhe lëngun e limonit.
d) Lagni çdo fileto peshku në përzierjen e gjalpit dhe limonit, duke e lyer mirë.
e) Thërrmoni filetot e peshkut në përzierjen e bimëve Bisquick, duke i shtypur lehtë për t'u ngjitur me peshkun.
f) Vendosni filetot e peshkut të lyera në enën e përgatitur për pjekje.
g) Hidhni çdo përzierje të mbetur të gjalpit dhe limonit mbi peshkun.

h) Piqeni në furrën e nxehur më parë për rreth 12-15 minuta ose derisa peshku të jetë gatuar dhe të skuqet lehtësisht me një pirun.

i) E heqim nga furra dhe e zbukurojmë me majdanoz të freskët sipas dëshirës.

j) Shërbejeni peshkun e pjekur me bar limoni me copa limoni anash për ta shtrydhur mbi peshk.

38. Merluci, ahi dhe ceviçe domatesh trashëgimtare

PËRBËRËSIT:
- 1 qepë e kuqe e madhe, e grirë e imët
- 3 jalapeños LG, me fara dhe të grira
- 2 domate të verdha boy, të prera
- 2 domate Brandiwine, të grira
- ¾ paund 51-60 numëroni karkaleca të gatuar të qëruar dhe bisht
- 2 lugë hudhër të grirë
- 1 tufë cilantro, e copëtuar
- 1 lugë çaji qimnon
- 1 lugë çaji djegës pluhur
- 2 lugë gjelle kripë kosher për shije
- Lëng nga 4 lime të mëdha
- 1 ½ paund. merluc ling, i prerë në copa sa një kafshatë
- 4 ons fileto tuna ahi, e prerë në copa të madhësisë së kafshatës
- Mbushje
- Djathë çedër i grirë
- Djathë cotija i grirë
- Salcë nxehtë
- Predhat Tostada

UDHËZIME:
a) Kombinoni të dyja llojet e peshkut dhe lëngun e limonit në një tas. Lëreni në frigorifer për gjysmë ore. Përziejini s hpesh

b) Kombinoni pjesën tjetër të përbërësve përveç shtesave në një tas tjetër të madh. I trazojmë mirë.

c) Pas gjysmë ore, peshku duhet të jetë i errët. Përziejini në një enë tjetër duke përfshirë lëngun. I trazojmë mirë. Lëreni në frigorifer për gjysmë ore.

d) Përziejini sërish mirë. Pjatë një guaskë tostada. Sipër me ceviche. Shtoni çedër dhe cotija. Spërkateni me salcë të nxehtë. Shërbejeni menjëherë. Kënaquni.

39. Lime Cod Ceviche

PËRBËRËSIT:

- 1 kile merluc ose peshk tjetër gjysmë i fortë, i prerë në kubikë
- 1 filxhan lëng limoni
- 1 piper i freskët jalapeño, i ndarë dhe i prerë në rripa
- 1 kokë marule rome, e ndarë në gjethe, e larë
- 1 thelpi hudhër të freskët, të grirë imët
- 1 filxhan lëng limoni
- 2 qepë të kuqe mesatare, të ndara në rrathë
- $\frac{1}{2}$ lugë çaji kripë
- $\frac{1}{4}$ lugë çaji piper i zi i bluar

UDHËZIME:

a) Bashkoni limonin dhe lëngun e limonit, qepën, hudhrën, kripën dhe piperin dhe hidhni salcën mbi peshk; marinojini për 3 orë.

b) Mblidhni çdo pjatë duke vendosur në një pjatë 2-3 gjethe marule të lara dhe të ndara.

c) Hidhni peshkun e marinuar mbi gjethet e marules, duke e hedhur marinadën.

40.Cod Ceviche me mikrogjelbërime limoni

PËRBËRËSIT:

- 1 kile merluc ose peshk tjetër gjysmë i fortë, i prerë në kubikë
- 1 filxhan mikrogjelbërime limoni
- 2 gota lëng lime
- 2 qepë të kuqe, të ndara në rrathë
- 1 thelpi hudhër të freskët, të grirë imët
- ½ lugë çaji kripë
- ¼ lugë çaji piper i zi i bluar
- 1 kokë marule rome, e ndarë në gjethe, e larë
- 1 piper i freskët jalapeño, i ndarë dhe i prerë për së gjati në shirita ⅛ inç

UDHËZIME:

a) Në një pjatë qelqi të sheshtë, prisni peshkun në kube 1 inç.
b) Kombinoni lëngun e limonit, qepën e kuqe, hudhrën, mikrokulturat e limonit, kripën dhe piperin e zi në një tas qelqi.
c) Hidhni salcën mbi peshkun duke e lyer plotësisht.
d) Vendoseni peshkun në frigorifer dhe marinojini për 3 orë, ose derisa peshku të jetë i errët, duke treguar se acidi në lëngun e limonit e ka gatuar siç duhet.
e) Mblidhni çdo pjatë duke vendosur 3 gjethe marule të lara dhe të ndara në një pjatë.
f) Hidhni peshkun e marinuar mbi gjethet e marules, duke e hedhur marinadën.

KURS KRYESOR

41.Ravioli me frymëzim portugez

PËRBËRËSIT:
PËR BRUMIN RAVIOLI:
- 2 gota miell për të gjitha përdorimet
- 3 vezë të mëdha
- ¼ lugë çaji kripë
- 1 luge vaj ulliri

PËR MBUSHJE:
- 1 filxhan bacalao i gatuar (merluc i kripur), i grirë
- 1 filxhan spinaq të gatuar, të shtrydhur të thatë dhe të grirë
- ¼ filxhan djathë parmixhano të grirë
- 2 thelpinj hudhre, te grira
- 1 lugë majdanoz i freskët i grirë
- Kripë dhe piper për shije

PËR salcën e domateve:
- 2 luge vaj ulliri
- 1 qepë e vogël, e grirë hollë
- 2 thelpinj hudhre, te grira
- 1 kanaçe (14 ons) domate të prera në kubikë
- 1 lugë çaji paprika
- ½ lugë çaji rigon të tharë
- Kripë dhe piper për shije

UDHËZIME:
PËRGATITNI BRUMIN E RAVIOLI:
a) Në një tas të madh përzierjeje, bashkoni miellin dhe kripën. Bëni një pus në qendër.
b) Thyeni vezët në pus dhe shtoni vaj ulliri.
c) Duke përdorur një pirun ose duart tuaja, përzieni gradualisht miellin në vezë derisa brumi të fillojë të bashkohet.

d) Transferoni brumin në një sipërfaqe të lyer pak me miell dhe gatuajeni për rreth 5 minuta derisa të jetë e butë dhe elastike.

e) Mbështilleni brumin me mbështjellës plastik dhe lëreni të pushojë për 30 minuta.

BËNI MBUSHJES:

f) Në një enë bashkojmë bakalaon e grirë, spinaqin e gatuar, djathin parmixhano të grirë, hudhrën e grirë, majdanozin e grirë, kripën dhe piperin. Përziejini mirë derisa të gjithë përbërësit të përfshihen në mënyrë të barabartë.

LËRVESH brumin:

g) Ndani brumin në katër pjesë të barabarta.

h) Duke punuar me një porcion në një kohë, hapeni hollë duke përdorur një oklla ose makarona.

i) Pritini brumin e hapur në katrorë të vegjël, rreth 3 inç në madhësi.

MBLEDHNI RAVIOLI:

j) Vendosni një sasi të vogël të mbushjes në qendër të çdo katrori brumi.

k) Paloseni brumin për të formuar një trekëndësh dhe shtypni fort skajet që të mbyllen.

l) Përdorni një pirun për të shtrënguar skajet për një prekje dekorative.

m) Përsëriteni me brumin dhe mbushjen e mbetur.

Gatuani RAVIOLI:

n) Sillni një tenxhere të madhe me ujë të kripur të vlojë.

o) Hidhini me kujdes raviolit në ujin e vluar dhe ziejini për rreth 3-4 minuta derisa të notojnë lart.

p) Hiqni raviolin e zier nga uji me një lugë të prerë dhe lërini mënjanë.

PËRGATITNI salcën e domateve:

q) Në një tenxhere ngrohim vajin e ullirit në zjarr mesatar.

r) Shtoni qepën e grirë dhe hudhrën e grirë. Skuqeni derisa qepa të jetë e tejdukshme.

s) Shtoni domatet e prera në kubikë, paprikën, rigonin e tharë, kripën dhe piperin. Gatuani për rreth 10 minuta, duke e përzier herë pas here, derisa salca të trashet pak.

t) Vendosini raviolit e gatuar në pjatat e servirjes.

u) Hidhni me lugë salcën e domates mbi ravioli.

v) Sipas dëshirës, zbukurojeni me djathë parmixhano të grirë shtesë dhe majdanoz të grirë.

w) Shërbejini raviolit me frymëzim portugez ndërsa janë të ngrohtë.

42. Pemë merluci dhe mishi me patate

PËRBËRËSIT:

- 1 kile fileto merluci, të hequr lëkura dhe të prera
- 2 gota pure patatesh
- ½ filxhan thërrime buke
- ¼ filxhan qepë të grirë hollë
- 2 lugë majdanoz të freskët të grirë hollë
- 2 thelpinj hudhre, te grira
- 2 vezë, të rrahura
- 1 lugë gjelle lëng limoni
- ½ lugë çaji kripë
- ¼ lugë çaji piper i zi

UDHËZIME:

a) Ngrohni furrën tuaj në 375°F (190°C) dhe lyeni me yndyrë një tepsi.

b) Në një tas të madh, kombinoni filetot e coptuara të merlucit, patatet e grira, thërrimet e bukës, qepën, majdanozin, hudhrën, vezët, lëngun e limonit, kripën dhe piperin e zi.

c) Përziejini mirë derisa të gjithë përbërësit të përfshihen në mënyrë të barabartë.

d) Transferoni përzierjen në tavën e përgatitur për petë dhe formoni një petë.

e) Piqni në furrën e nxehur më parë për rreth 45-50 minuta ose derisa temperatura e brendshme të arrijë 145°F (63°C).

f) Lëreni bukën e mishit të pushojë për disa minuta përpara se ta prisni në feta. Shërbejeni të ngrohtë.

43. Tacos Peshku Bisquick

PËRBËRËSIT:

- 2 gota përzierje Bisquick
- ⅔ filxhan qumësht
- 1 kile fileto peshku të bardhë (të tilla si merluci ose tilapia)
- ½ filxhan miell
- 1 lugë çaji paprika
- ½ lugë çaji pluhur hudhër
- Kripë dhe piper për shije
- Vaj vegjetal për tiganisje
- Tortillat
- Marule e grirë
- Domate të prera në kubikë
- Avokado e prerë në feta
- Pykat e gëlqeres
- Cilantro (opsionale)
- Salcë e zgjedhjes suaj (si salcë tartar ose majonezë çipotle)

UDHËZIME:

a) Në një tas, kombinoni përzierjen e Bisquick dhe qumështin për të bërë brumin për peshkun.

b) Në një tas të veçantë, përzieni miellin, paprikën, pluhurin e hudhrës, kripën dhe piperin për të krijuar një përzierje gërmimi.

c) Pritini filetot e peshkut në shirita ose copa të madhësisë së një kafshimi.

d) Ngrohni vajin vegjetal në një tigan ose tenxhere të thellë për tiganisje.

e) Zhytni secilën pjesë të peshkut në përzierjen e gërmimit, duke e lyer në mënyrë të barabartë, më pas zhyteni në brumin Bisquick.
f) Vendoseni me kujdes peshkun e rrahur në vaj të nxehtë.
g) Skuqini peshkun deri në kafe të artë dhe krokante, duke e kthyer një herë.
h) Hiqeni peshkun nga vaji dhe vendoseni në një pjatë të veshur me peshqir letre për të kulluar vajin e tepërt.
i) Ngroheni tortillat në një tigan të thatë ose në mikrovalë.
j) Mblidhni tacot e peshkut duke vendosur disa copa peshku të skuqur në secilën tortilla. Sipër shtoni marule të grira, domate të prera në kubikë, avokado të prerë në feta, një shtrydhje me lëng lime, cilantro (nëse dëshironi) dhe salcën tuaj të preferuar.
k) Shërbejini menjëherë tacot e peshkut.

44. Patate të skuqura peshku me floke misri

PËRBËRËSIT:
- Spraj gatimi me kanolë ose vaj ulliri
- 1 ½ paund patate ruse, të fërkuara dhe të prera në copa ¼ inç të trasha
- 4 lugë çaji vaj kanola
- 1½ lugë çaji erëza Cajun ose Creole, të ndara
- 2 gota kornfleks
- ¼ filxhan miell për të gjitha përdorimet
- ¼ lugë çaji kripë
- 2 të bardha veze të mëdha, të rrahura
- 1 kile merluc, ose murriz, i prerë në 4 pjesë

UDHËZIME:
a) Në të tretën e sipërme dhe të poshtme të furrës, vendosni raftet; Ngrohni paraprakisht në 425°F. Përdorni llak gatimi për të veshur një fletë të madhe pjekjeje. Në një fletë tjetër të madhe pjekjeje, vendosni një raft teli; përdorni llak gatimi për lyerje.

b) Në një kullesë vendosni patatet. Shpëlajeni tërësisht me ujë të ftohtë, më pas përdorni peshqirë letre për t'u tharë plotësisht.

c) Në një tas të madh, hidhni ¾ lugë çaji me erëza Cajun (ose Creole), vaj dhe patate.

d) Në fletën e pjekjes pa raft, shpërndani masën. Vendoseni në raftin e poshtëm të furrës dhe piqni për rreth 30 deri në 35 minuta derisa të marrin ngjyrë të artë dhe të zbutur, duke e kthyer çdo 10 minuta.

e) Ndërkohë, në një blender ose përpunues ushqimi, grijini copëzat e misrit në mënyrë të trashë ose i shtypni në një qese plastike që mbyllet. Vendoseni në një pjatë të cekët. Në një pjatë tjetër të cekët, vendosni kripën, $\frac{3}{4}$ lugë çaji erëza të mbetura Cajun (ose Creole) dhe miell; dhe në një enë të tretë të cekët vendosim të bardhat e vezëve.

f) Lyejeni peshkun në përzierjen e miellit, zhytni në të bardhën e vezës dhe më pas në kornfleks të bluar për t'u mbuluar nga të gjitha anët. Në raftin e përgatitur të telit, vendosni peshkun. Përdorni llak gatimi për të lyer të dyja anët e peshkut të pjekur.

g) Në raftin e sipërm të furrës, piqni peshkun për gati 20 minuta derisa pjekja të ketë një ngjyrë kafe të artë dhe peshku të jetë i freskët dhe i errët në qendër.

45. Lazanja e shpejtë e peshkut

PËRBËRËSIT:
- 9 petë lazanja të ziera dhe të kulluara
- 1 kile fileto peshku të bardhë (të tilla si merluc, murriz ose tilapia), të gatuara dhe të grira
- 1 filxhan djathë mocarela e grirë
- 1 filxhan djathë parmixhano të grirë
- 2 gota salcë marinara
- 1 filxhan djathë rikota
- $\frac{1}{4}$ filxhan majdanoz të freskët të grirë
- Kripë dhe piper për shije
- Vaj ulliri për lyerjen e enëve të pjekjes

UDHËZIME:
a) Ngrohni furrën tuaj në 375°F (190°C) dhe lyeni një enë pjekjeje me vaj ulliri.
b) Në një tas, përzieni peshkun e gatuar dhe të grirë me djathë ricotta, majdanoz të grirë, kripë dhe piper. Le menjane.
c) Përhapni një shtresë të hollë salcë marinara në fund të enës së pjekjes.
d) Sipër salcës vendosni 3 petë lazanja duke i mbivendosur pak.
e) Përhapeni një shtresë të përzierjes së peshkut mbi petët, e më pas spërkatni me djathë mocarela të grirë dhe djathë parmixhano të grirë.
f) Përsëritni shtresat, duke alternuar petët, salcën marinara, përzierjen e peshkut, djathin mocarela dhe djathin parmixhano. Përfundoni me një shtresë salcë marinara dhe një spërkatje bujare me djathë mocarela të grirë sipër.

g) Tavën e pjekjes e mbulojmë me fletë metalike dhe e pjekim në furrën e parangrohur për 25 minuta. Më pas, hiqni letrën dhe piqeni për 10-15 minuta të tjera derisa djathi të marrë ngjyrë të artë dhe të marrë flluska.

h) Pasi të jenë pjekur, hiqeni lazanjat nga furra dhe lërini të pushojnë për disa minuta para se t'i shërbeni.

i) Shërbejini lazanjat e shpejta të peshkut të ngrohta dhe zbukurojeni me majdanoz të freskët, nëse dëshironi.

46. Matcha Steamed Cod

PËRBËRËSIT:
- 2 gota patate të ëmbël të qëruara
- 1 kile merluc, i prerë në 4 pjesë
- 2 lugë çaji pluhur matcha
- 4 lugë gjalpë pa kripë
- 8 degë trumzë të freskët
- 4 feta limoni të freskët
- 1 lugë çaji kripë kosher

UDHËZIME:
a) Ngrohni furrën në 425 gradë F. Merrni 4 fletë letre pergamene, secila rreth 12 me 16 inç, në gjysmë dhe më pas shpalosini për të bërë një rrudhë.
b) Vendosni një grumbull me shirita patate të ëmbla në njërën anë të secilës copë pergamenë dhe sipër secilës me një copë merluc.
c) Spërkateni secilën pjesë të peshkut me 1 lugë çaji matcha, pastaj sipër secilës 1 lugë gjelle gjalpë, 2 degë trumzë dhe një fetë limoni; Sezoni me kripë.
d) Palosni mbi letër pergamene për të mbyllur mbushjen dhe shtrëngoni skajet për të mbyllur dhe formuar një pako në formë gjysmëhënës.
e) Transferoni në një tepsi dhe piqni për 20 minuta. Hiqini paketat nga furra dhe lërini të pushojnë për 5 deri në 10 minuta përpara se t'i hapni.

47. Taco peshku i pjekur në skarë me salsa jeshile

PËRBËRËSIT:
- 3½ filxhanë lakër të kuqe ose jeshile të grirë imët
- ¼ filxhan uthull të bardhë të distiluar
- Kripë dhe piper
- ¾ paund domate të freskëta
- 2 lugë vaj sallate
- 1 qepë, e prerë në feta ½ inç
- 1½ kile Fileto peshku me lëkurë të fortë (kod, levrek)
- 4 djegës jalapeno
- 2 lugë çaji lëng limoni
- ¾ filxhan gjethe të freskëta cilantro
- 1 thelpi hudhër
- 12 tortilla të ngrohta misri ose miell me pak yndyrë (6-7 inç)
- Kosi me pak yndyrë
- Pykat e gëlqeres

UDHËZIME:
a) Kërkoni domate të vogla jeshile me lëvozhgë letre në disa supermarkete dhe dyqane ushqimore latine.
b) Përzieni lakrën me uthull dhe 3 lugë ujë. Shtoni kripë dhe piper për shije. Mbulojeni dhe ftohuni.
c) Hiqni dhe hidhni lëvozhgat e domatileve; shpëlajeni domatiljet.
d) Fije mbi hell. Lyejeni pak nga vaji me furçë mbi fetat e qepëve. Shpëlajeni peshkun dhe thajeni. Lyejeni peshkun me vajin e mbetur.
e) Vendosni domate, qepë dhe speca djegës në një skarë për Barbecue.
f) Gatuani, duke i kthyer sipas nevojës, derisa perimet të marrin ngjyrë kafe, 8-10 minuta.

g) Lëreni mënjanë të ftohet.

h) Vendoseni peshkun në skarë (me nxehtësi të lartë). Gatuani, duke e kthyer një herë, derisa peshku të jetë i errët, por ende i lagësht në pjesën më të trashë (të prerë për provë), 10-14 minuta.

i) Hiqni kërcellet nga speci djegës; hiqni farat.

j) Në një blender ose përpunues ushqimi, rrotulloni domate, specat djegës, lëngun e limonit, $\frac{1}{4}$ c cilantro dhe hudhrën derisa të jenë të lëmuara. Prisni qepën. Shtoni qepën e grirë në përzierjen e salsës dhe kripë dhe piper për shije.

k) Hidheni në një tas të vogël.

l) Për të mbledhur çdo taco, mbushni një tortilla me pak shije lakre, disa copa peshku, salsa dhe salcë kosi. Shtoni një shtrydhje lime, kripë dhe piper për shije.

48.Levrek i pjekur, stil brazilian

PËRBËRËSIT:
- 3 paund fileto levreku, 1" të trasha
- 1 lugë çaji Kripë
- 2 luge miell
- 2 qepë mesatare të prera në feta
- ¼ filxhan vaj ulliri
- ⅓ filxhan uthull vere të bardhë
- 3 thelpinj hudhra, të grira ose
- I grirë
- 1 lugë çaji Mustardë e verdhë e përgatitur
- 2 lugë majdanoz të thatë
- 1 lugë gjelle lëng limoni të freskët
- ¼ filxhan verë e bardhë e thatë
- ¼ lugë çaji koriandër të bluar

UDHËZIME:
a) Spërkatni peshkun me kripë; pluhurosni lehtë me miell.
b) Rregulloni peshkun në një enë pjekjeje të cekët 8*12".
c) Skuqni qepët në vaj ulliri në tigan derisa të zbehen; vendoseni mbi peshk.
d) Kombinoni uthull verë, hudhër, rigon dhe mustardë, majdanoz, koriandër dhe lëng limoni; përziejmë mirë dhe e hedhim sipër peshkut.
e) Hidh verë rreth peshkut; e pjekim pa mbuluar ne furra 350 per rreth 45 minuta. Mund të përdoret Pollock ose shojzë e kuqe.
-

49.Levreku i pjekur në skarë me një salcë

PËRBËRËSIT:
- 4 levrekë të vegjël të tërë
- 4 lugë vaj ulliri; të ndarë
- thelbi
- ½ filxhan qepë të copëtuara
- 1 filxhan i qëruar; toma rome e prerë me fara
- ⅓ filxhan ullinj të zinj pa fara
- 1 filxhan fasule të freskëta; i zbardhur, i qëruar
- 1 lugë gjelle hudhër të grirë
- 2 lugë çaji fileto açuge të grira
- 1 lugë gjelle majdanoz i freskët i grirë hollë
- 1 lugë gjelle borzilok të freskët të grirë
- 1 lugë gjelle trumzë e freskët e copëtuar
- 1 lugë gjelle rigon i freskët i grirë
- ½ filxhan verë të bardhë
- 1 shkop gjalpë; prerë në lugë gjelle
- 1 kripë; për shije
- 1 piper i zi i sapo bluar; për shije
- 2 lugë majdanoz të grirë hollë

UDHËZIME:
a) Ngrohni grilin. Duke përdorur një thikë të mprehtë, bëni tre prerje mbi secilin peshk në një kënd. Fërkoni secilin peshk me 2 lugë vaj ulliri dhe lyejeni me Emeril's Essence.

b) Vendoseni peshkun në skarë të nxehtë dhe piqeni në skarë për 4 deri në 5 minuta nga secila anë, në varësi të peshës së secilit peshk.

c) Në një tigan, ngrohni vajin e mbetur të ullirit. Kur vaji të jetë i nxehtë, kaurdisni qepët për 1 minutë. Shtoni domatet, ullinjtë e zinj dhe fasulet. I rregullojmë me kripë dhe piper. Skuqini për 2 minuta.
d) Hidhni hudhrat, açugat, barishtet e freskëta dhe verën e bardhë. Lëngun e lemë të vlojë dhe e zvogëlojmë në zjarr të ngadaltë. Ziejini për 2 minuta.
e) Palosni gjalpin, një lugë gjelle në një kohë.

50. Levrek me qiqra dhe nenexhik

PËRBËRËSIT:
- 2 copë Folje alumini 12 inç katrore e rëndë
- 1 luge vaj ulliri
- 2 kile fileto levreku
- 1 filxhan gjethe nenexhiku, të lara dhe me kërcell
- 1 domate mesatare, e prerë në feta të trasha
- 1 qepë e vogël e ëmbël e bardhë, e prerë hollë
- ½ filxhan qiqra të gatuara
- 1 lugë çaji qimnon i bluar
- ½ lugë çaji koriandër të bluar
- ¼ lugë çaji piper kajen
- ¼ lugë çaji kanellë të bluar
- Kripë dhe piper i zi i sapo bluar

UDHËZIME:
a) Ngrohni një skarë.
b) Shtroni një copë petë, lyeni me vaj dhe sipër vendosni filetot e basit. Mbi fileto shtrojmë gjethet e mentes, domatet, qepën, qiqrat, qimnon, koriandër, kajen, kanellën dhe kripë e piper sipas shijes.
c) Mbështillini petë rreth shtresave dhe shtrëngoni së bashku në krye. Mbështillini pjesën e dytë të fletës rreth të parës, por shtrëngoni së bashku në fund. Kjo formon një pako të sigurt në të cilën basi dhe përbërësit e tjerë mund të avullojnë.
d) Vendoseni paketën në skarë dhe gatuajeni për 6 deri në 8 minuta. Kthejeni dhe gatuajeni 4 deri në 5 minuta më gjatë, ose derisa peshku të jetë i fortë në prekje.
e) Hiqeni paketën nga zjarri, hapni letrën dhe shërbejeni.

51.Grouper me salcë Tandoori

PËRBËRËSIT:
- 1 filxhan kos të thjeshtë
- $\frac{1}{4}$ filxhan xhenxhefil të freskët të prerë në mënyrë të trashë
- 4-5 qepë, të qëruara dhe të prera trashë (përfshini të gjitha, përveç $\frac{1}{2}$ inç zarzavate)
- 6-8 thelpinj hudhër, të qëruara
- 2 lugë pluhur tandoori
- Lëng $\frac{1}{2}$ limoni (rreth 1$\frac{1}{2}$ lugë gjelle)
- $\frac{1}{2}$ lugë çaji kripë deti
- 4 copë letër alumini 12-inç me 18-inç të rëndë
- 2 kilogram fileto grupi, të prera në katër pjesë të barabarta

UDHËZIME:
a) Ngrohni një skarë.
b) Hidhni së bashku kosin, xhenxhefilin, qepën, hudhrën, pluhurin e tandoorit, lëngun e limonit dhe kripën në tasin e një përpunuesi ushqimi për 1 minutë. Fërkoni anët dhe bëni pure për 30 sekonda, ose derisa të përzihet. Le menjane.
c) Me një shpatull gome, hiqni salcën nga tasi i procesorit dhe fërkojeni me bujari në të dy anët e secilës fileto. Vendosni filetot në fletë metalike, hidhni sipër çdo salcë të mbetur, palosni mbi alumin dhe shtrëngoni fort për të formuar një vulë të fortë.
d) Vendosni qeset në skarë dhe gatuajeni për 5 minuta; kthejeni dhe gatuajeni për 5 minuta më gjatë, ose derisa filetot të jenë të forta në prekje.
e) Hiqini qeskat nga zjarri dhe lërini mysafirët të hapen dhe të zbulojnë darkën e tyre me avull.

52. Bass i pjekur në skarë në lëvozhgë misri

PËRBËRËSIT:
- 2 kallinj misër të freskët
- 2 kilogramë fileto basi me gojë të vogla, të prera në katër pjesë
- 4 lugë gjalpë pa kripë, të prerë në copa
- Lëng nga 1 limon (rreth 3 lugë)
- Kripë dhe piper i zi i sapo bluar
- Pika limoni

UDHËZIME:
a) Ngrohni grilin.
b) Qëroni me kujdes lëvozhgat e misrit dhe lërini mënjanë. Tërhiqeni të gjithë mëndafshin nga çdo kalli.
c) Duke i mbajtur kallinjtë drejt, i presim poshtë me një thikë të mprehtë, duke e prerë misrin në rreshta. Hidhni kallinjtë dhe lëreni mënjanë misrin e prerë.
d) Përhapeni dhe shtypni dy ose tre lëvozhga për fileto. Spërkatni një shtresë misri mbi gjethet dhe vendosni një fileto në kënd të drejtë me lëvozhgat, një mbi çdo "pako".
e) I mbulojmë filetot me misrin e mbetur. Lyeni misrin me copat e gjalpit.
f) Spërkatni lëngun e limonit mbi çdo fileto dhe rregulloni me kripë dhe piper.
g) Palosni lëvozhgat mbi pjesën e sipërme të pakove nga të gjitha anët (për të formuar një formë zarfi) dhe fiksoni me kruese dhëmbësh.
h) Vendoseni në skarë për rreth 6 minuta; kthejeni me kujdes me një shpatull dhe ziejini për 6 minuta më shumë, ose derisa lëvozhgat të jenë djegur pak.
i) Shërbejeni menjëherë me copat e limonit.

53. Bas me vija me gjuajtje Cattail

PËRBËRËSIT:
- 8-10 lastarë të bishtit, hiqen majat e gjelbra
- 6-8 morele, të pastruara dhe të prera
- ½ filxhan vaj ulliri plus 1 lugë gjelle
- ½ filxhan trumzë të freskët, me kërcell dhe të pastruar
- ½ lugë çaji kripë
- 1 lugë çaji piper i zi i sapo bluar
- 1½ paund fileto bas me vija
- Kripë dhe piper i zi i sapo bluar
- 2 lugë gjelle gjalpë
- Lëng nga 1 limon të vogël

UDHËZIME:
a) Ngrohni një skarë.
b) Hiqni shtresën e jashtme të fortë nga bishtat dhe priteni në feta diagonalisht si qepët. Le menjane.
c) Përzieni ½ filxhan vaj dhe trumzë dhe kripë e piper në një tas të vogël.
d) Me një furçë ose lugë lyejmë fileton e basit dhe e kalojmë në skarë.
e) Ndërkohë, ngrohni gjalpin dhe 1 lugë vaj të mbetur në një tigan mbi nxehtësinë mesatare. Skuqini morelët për 3 deri në 4 minuta, derisa kërpudhat të zbuten. Shtoni filizat e bishtit të prerë në feta, ulni zjarrin dhe gatuajeni për 2 deri në 3 minuta më shumë. Ulni nxehtësinë dhe mbajeni ngrohtë.
f) Piqeni basin në skarë për 4 deri në 5 minuta nga secila anë

g) Ndani në katër porcione dhe vendoseni në pjata të ngrohta. Hidhni me lugë morels dhe cattails pranë basit. Hidhni lëngun e limonit mbi levrekun dhe rregulloni me kripë dhe piper shtesë. Shërbejeni menjëherë.

54. Bass me vija me salcë karkalecash

PËRBËRËSIT:
- 1 qepë e bardhë e ëmbël e madhe, e grirë hollë
- 3-4 thelpinj hudhër, të qëruara
- 2 lugë çaji xhenxhefil të freskët të grirë imët
- 1 lugë çaji djegës pluhur
- 2½ lugë vaj kanola
- 1½ paund fileto bas me vija
- 1 domate mesatare, e prerë në kubikë
- 1 lugë gjelle pastë karkalecash
- Lëng ½ limoni (rreth 1½ lugë gjelle)
- Oriz i bardhë i gatuar

UDHËZIME:
a) Pushoni qepën, hudhrën, xhenxhefilin dhe pluhurin djegës pesë ose gjashtë herë në tasin e një përpunuesi ushqimi. Lyejeni anët dhe bëjeni pure për 1 deri në 2 minuta, ose derisa të jetë e qetë.
b) Ngrohni vajin në një tigan mesatar mbi nxehtësinë mesatare në të lartë. Shtoni përbërësit e bërë pure, përzieni, ulni nxehtësinë në minimum dhe gatuajeni për rreth 15 minuta, të mbuluara, duke i përzier herë pas here, derisa të trashet.
c) Ndërkohë, ngrohni një skarë.
d) Vendosni filetot në një rende të lyer me vaj dhe ziejini për 3 deri në 4 minuta. Kthejeni dhe gatuajeni 4 deri në 5 minuta më gjatë, ose derisa të jetë e fortë. Kaloni në raftin e ngrohjes së skarës.
e) Shtoni domatet në tigan, gatuajeni për 3 deri në 4 minuta, rrotulloni pastën e karkalecave dhe përzieni për 1 minutë.

f) I kalojmë filetot në tigan duke i hedhur me lugë salcën sipër. Hidhni sipër lëngun e limonit, mbulojeni për 1 deri në 2 minuta dhe hiqeni nga zjarri.
g) Ndani peshkun në katër pjesë, hidhni me lugë salcën mbi secilën dhe shërbejeni menjëherë me oriz të bardhë.

55. merluci me kripë braziliane

PËRBËRËSIT:
- 1½ paund deri në 2 £ merluc të tharë të njomur
- 2 qepë të mëdha, të prera në feta
- 6 lugë gjelle gjalpë
- 1 thelpi hudhër, e grirë
- 3 patate të mëdha
- 2 lugë gjelle thërrime buke
- 10 ullinj jeshil pa kokrra
- 10 ullinj të zinj
- 4 vezë të ziera fort
- ½ filxhan majdanoz i freskët i grirë
- Uthull vere
- Vaj ulliri
- Piper i zi i freskët i bluar

UDHËZIME:
a) Hidheni merlucin në një tenxhere dhe shtoni ujë të ftohtë sa të mbulohet. Lëreni të ziejë.

b) Lyejeni mishin me pirun në copa të mëdha. Kaurdisni qepët në 3 lugë gjalpë derisa të zbuten dhe të marrin ngjyrë të artë. Shtoni hudhrën. Ziejini patatet e paqëruara në ujë me kripë. Kur të jenë zbutur (rreth 20 minuta), hiqini nga zjarri, vendosini nën ujë të ftohtë të rrjedhshëm dhe hiqni lëkurat. Kullojeni dhe prisni në copa ¼ inç.

c) Ngroheni furrën në 350 gradë F. Lyejeni një tavë 1½ litërshe me 3 lugët e mbetura gjalpë. Rregulloni një shtresë me gjysmën e patateve, më pas gjysmën e merlucit, pastaj gjysmën e qepëve. Spërkateni me pak piper dhe përsërisni shtresimin. Spërkatni thërrimet e bukës mbi shtresën e sipërme.

d) Piqni për 15 minuta, ose derisa të nxehet dhe të skuqet lehtë.

56.merluc i zi me sorbet portokalli

PËRBËRËSIT:
- 1½ filxhan sherbet portokalli
- ½ filxhan mente të freskët të grirë hollë
- Lëngu i 1 portokalli të madh plus lëvore
- 1½ kile fileto merluci të zi

UDHËZIME:
a) Ngrohni një skarë.
b) Shkrini sherbetin në një tenxhere 4 litra mbi nxehtësinë mesatare-të lartë.
c) Shtoni nenexhikun, lëngun e portokallit dhe gjysmën e lëvores. Uleni nxehtësinë në mesatare dhe gatuajeni, pa mbuluar, për 7 deri në 8 minuta, ose derisa të zvogëlohet për një të tretën. Lëreni mënjanë të ftohet.
d) Vendosni filetot në një enë të cekët dhe mbi to hidhni salcën me lugë; kthejeni dhe lyejeni tërësisht. Lëreni në frigorifer për 30 minuta.
e) Hiqni filetot nga marinada dhe kalojini në skarë. Gatuani 4 minuta. Kthejeni dhe lyeni marinadën shtesë sipër. Gatuani 4 minuta më shumë, ose derisa peshku të jetë pak i butë kur thehet.
f) Ndani në katër pjesë të barabarta, zbukurojeni me lëkurën e mbetur të portokallit dhe shërbejeni.

57. Merluci me salcë Puttanesca

PËRBËRËSIT:
- 2 copë letër alumini të rëndë, secila 12 inç katror
- 2 paund fileto merluci
- 1 luge vaj ulliri
- 2 presh, bishta jeshile të prera, të prera në feta hollë
- 1 domate mesatare, e prerë në kubikë
- $\frac{1}{4}$ filxhan shampanjë (ose verë të bardhë të thatë)
- 8-10 ullinj kalamata, të papastër dhe të prerë në feta
- 3-4 thelpinj hudhre, te grira
- 2 lugë gjelle kaperi
- 1 lugë çaji rigon i freskët
- 1 lugë çaji uthull balsamike
- 1 lugë çaji piper i zi i sapo bluar
- Kripë

UDHËZIME:
a) Ngrohni një skarë.
b) Shtroni merlucin në letër, lyejeni me vaj dhe sipër shtroni preshin, domatet, shampanjën, ullinjtë, hudhrën, kaperin, rigonin, uthullën, piperin dhe kripën sipas shijes.
c) Shtrydhni fort fletën përreth. Mbështilleni një copë të dytë petë rreth paketës, duke e shtrënguar në anën e kundërt. Sigurohuni që paketa të jetë e sigurt.
d) E vendosim në skarë direkt mbi nxehtësi. Gatuani për 8 deri në 10 minuta; kthejeni dhe gatuajeni 3 deri në 4 minuta më gjatë. Hapni paketën dhe futni majën e një thike në fileto. Nëse ndihet e fortë, është bërë.
e) E heqim nga zjarri, e zbulojmë dhe e kalojmë pjatën në një pjatë të madhe për servirje.

58.Merak brazilian peshkatar

PËRBËRËSIT:
- 3 qepë, të prera në feta
- $\frac{1}{2}$ lugë çaji hudhër, e grirë
- 2 lugë margarinë
- 16 ons Fasule të bardha, të kulluara
- 2 litra ujë
- 2 gjethe dafine
- 16 ons Stoku i pulës
- 16 ons domate të ziera
- $1\frac{1}{2}$ lugë çaji trumzë
- 1 kile peshk i bardhë
- $\frac{1}{4}$ filxhan lëng limoni
- $\frac{1}{2}$ filxhan Ujë

UDHËZIME:
a) Në një tenxhere të madhe supe, ziejini qepët dhe hudhrat në margarinë derisa qepët të jenë transparente, rreth 5 minuta.
b) Shtoni fasulet, 2 litra ujë, gjethet e dafinës, lëngun e pulës, domatet dhe trumzën.
c) Lëreni të vlojë; zvogëloni nxehtësinë dhe ziejini për 30 minuta.
d) Në një tigan të veçantë, ziejini peshkun në lëng limoni dhe $\frac{1}{2}$ filxhan ujë derisa peshku të skuqet lehtësisht me një pirun, 5-10 minuta.
e) Kulloni ujin me limon; shtoni peshkun në zierje dhe ngroheni mirë përpara se ta shërbeni.
-

59.Peshku i bardhë me shtuf gaforre

PËRBËRËSIT:
- 4 fileto peshku të bardhë (si merluci, merluci ose tabani)
- 1 filxhan mish gaforre (i freskët ose i konservuar)
- 1/4 filxhani thërrime buke
- 1/4 filxhan djathë parmixhano të grirë
- 2 lugë majdanoz të freskët të grirë
- 2 lugë majonezë
- 1 lugë gjelle lëng limoni
- 1 thelpi hudhër, të grirë
- Kripë dhe piper për shije
- Vaj ulliri për gatim

UDHËZIME:
a) Ngrohni furrën tuaj në 375°F (190°C).
b) Në një enë bashkoni mishin e gaforres, thërrimet e bukës, djathin parmixhano, majdanozin, majonezën, lëngun e limonit, hudhrën e grirë, kripën dhe piperin. Përziejini mirë derisa të gjithë përbërësit të bashkohen në mënyrë të barabartë.
c) Vendosni filetot e peshkut të bardhë në një sipërfaqe të pastër dhe ndajeni përzierjen e gaforreve në mënyrë të barabartë mes tyre. Përhapeni përzierjen në mënyrë të barabartë në njërën anë të secilës fileto.
d) Rrotulloni fort filetot, duke filluar nga fundi më i gjerë. Sigurojini rrotullat me kruese dhëmbësh për t'i mbajtur së bashku.

e) Nxehni pak vaj ulliri në një tigan të sigurt për furrë mbi nxehtësinë mesatare. Pasi vaji të jetë nxehur, vendosni me kujdes rrotullat e peshkut të mbushura në tigan, me anën e qepjes poshtë. I ziejmë për 2-3 minuta derisa të marrin ngjyrë kafe të artë.
f) Transferoni tiganin në furrën e nxehur më parë dhe piqni për rreth 15-20 minuta, ose derisa peshku të jetë gatuar dhe të skuqet lehtësisht me një pirun.
g) Hiqeni tiganin nga furra dhe lëreni peshkun të pushojë për disa minuta përpara se ta shërbeni. Hiqni me kujdes krueset e dhëmbëve.
h) Shërbejini rrotullat e peshkut të bardhë të mbushur me gaforre si pjatë kryesore me anë të zgjedhjes suaj, si perime të ziera në avull, oriz ose një sallatë të freskët.

60. Fileto tabani të ziera

PËRBËRËSIT:

- 8 Fileto tabani
- 1½ lugë lëng limoni
- 2 lugë gjelle gjalpë
- ¼ filxhan sheri të thatë
- 1 lugë çaji salcë soje
- 2 degë majdanoz të grirë
- 1 e verdhe veze

UDHËZIME:

a) Vendosni fileto në një tigan të zier; spërkateni me një pjesë lëng limoni dhe një pikë gjalpë.
b) Ziejini derisa peshku të fillojë të skuqet; hiqni.
c) Kombinoni lëngun e mbetur të limonit, sherin, salcën e sojës dhe majdanozin dhe të verdhën e vezës: përzieni mirë. Lugë mbi peshk të gatuar pjesërisht; kthehuni në brojler derisa salca të fillojë të flluskojë.
d) Shërbejeni menjëherë.

61.Peshku shpatë me salcë braziliane

PËRBËRËSIT:

- 2 paund biftekë peshku shpatë
- 1 lugë gjelle bayou blast
- 1 luge vaj ulliri
- Salcë braziliane
- $\frac{1}{4}$ filxhan qepë jeshile të copëtuara; për zbukurim

UDHËZIME:

a) Spërkatni të dyja anët e biftekit të peshkut shpatë me Bayou Blast dhe fërkojeni me duar.

b) Ngrohni vajin në një tigan të madh mbi nxehtësi të lartë. Shtoni peshkun shpatë dhe ziejini derisa të jetë mesatarisht i rrallë, rreth 3 minuta për anë.

c) Për ta servirur, rregulloni peshkun shpatë në pjata të ngrohta të darkës, sipër me salcën braziliane dhe spërkatni me qepë të njoma.

62.Mustak i mbështjellë me zarzavate collard

PËRBËRËSIT:
- 8 gjethe kollare të zbardhura
- 1 domate e prerë në kubikë
- 1 filxhan ullinj kalamata me fara dhe feta
- 6 qepë, të grira hollë
- 4-6 thelpinj hudhër, të grira
- 1 luge vaj ulliri
- Kripë dhe piper i zi i sapo bluar
- 4 fileto mustak, 8 ons secila
- Copë limoni për zbukurim
- Oriz kaf i gatuar

UDHËZIME:
a) Ngrohni një skarë.
b) Vendosni katër nga gjethet e jakës në një sipërfaqe pune. Spërkatni gjysmën e domates, ullinjtë, qepën, hudhrën dhe vajin dhe kripë e piper sipas shijes në secilën gjethe.
c) Vendosni një fileto mbi secilën gjethe; spërkatni përbërësit e mbetur (duke përfshirë më shumë kripë dhe piper, nëse dëshironi) mbi të gjitha.
d) Mbi çdo grup me katër zarzavatet e mbetura dhe sigurojeni fort me kruese dhëmbësh.
e) Vendoseni në një tavë pice të lyer me vaj, vendoseni tiganin në skarë dhe uleni kapakun. Piqeni në skarë për 6 deri në 7 minuta. Kthejeni butësisht me një shpatull dhe piqeni në skarë për 4 deri në 5 minuta më gjatë, derisa të skuqet pak.
f) Vendosni një xhep në secilën nga katër pjatat. Hiqni krueset e dhëmbëve përpara se t'i zbukuroni me copat e limonit. Shërbejeni me oriz kaf.

63. Sunfish Dijon

PËRBËRËSIT:

- ¼ filxhan majonezë
- 2 lugë mustardë të verdhë pikante
- Lëng ½ limoni (rreth 1½ lugë gjelle)
- ¼ filxhan miell misri
- 1 lugë çaji tarragon i freskët i grirë imët
- 1 lugë gjelle piper të zi të grirë në kokrra
- 2-3 paund fileto peshku dielli

UDHËZIME:

a) Ngrohni një skarë.
b) Përzieni majonezën, mustardën, lëngun e limonit, miellin e misrit, tarragonin dhe kokrrat e piperit në një tas të madh.
c) Zhytni filetat në përzierje derisa të jenë të lyera plotësisht.
d) Vendosni filetot në skarë dhe ulni zjarrin në mesatare, nëse është e mundur. Mbyllni kapakun dhe gatuajeni për 6 deri në 8 minuta. Kthejeni dhe gatuajeni për 4 deri në 5 minuta më shumë, derisa mielli i misrit të jetë djegur pak. Shërbejeni menjëherë.

64. Troftë flutur e pjekur në skarë

PËRBËRËSIT:

- 3 lugë vaj kikiriku
- 1 filxhan shiitake i prerë hollë
- 6-8 thelpinj hudhre, te grira holle
- 1-2 chiles serrano, me fara, të deveinuara
- 1 filxhan lakër të bardhë të grirë
- 1 karotë e vogël, e qëruar dhe e grirë
- ½ filxhan lëng peshku ose pule
- ¼ filxhan salcë soje me pak natrium
- Lëng nga 1 limon (rreth 3 lugë)
- 1 troftë me flutur (2 paund)
- 1 lugë çaji rigon i freskët
- 1 lugë çaji kripë
- 1 lugë çaji piper i zi i sapo bluar
- Oriz i bardhë i gatuar

UDHËZIME:

a) Ngrohni 2 lugë gjelle vaj në një tigan të madh ose wok mbi nxehtësinë mesatare-të lartë. Skuqni kërpudhat, hudhrat dhe specat djegës për 3 deri në 4 minuta; shtoni lakrën dhe karotën dhe skuqni 4 deri në 5 minuta më shumë, derisa perimet të jenë ngrohur plotësisht.

b) Hidhni lëngun dhe zvogëloni me një të tretën, rreth 5 minuta. Shtoni salcën e sojës, përzieni dhe zvogëloni nxehtësinë në të ulët për ta mbajtur të ngrohtë.

c) Hidhni 1 lugë të mbetur vaj dhe lëngun e limonit mbi peshkun flutur dhe e rregulloni me rigon dhe kripë e piper.

d) Sigurojeni peshkun e kalitur brenda një koshi me rrjetë teli. Vendoseni shportën në skarë dhe gatuajeni për 4 deri në 5 minuta; kthejeni dhe gatuajeni për 5 minuta më shumë, ose derisa mishi të jetë i errët.

e) Hiqni peshkun nga shporta; E ndajmë në dy racione dhe sipër i hedhim me lugë salcën ngrohëse. Shërbejeni menjëherë me orizin e bardhë.

65. Troftë çeliku në salcën e verës së kuqe

PËRBËRËSIT:

- 2 luge vaj ulliri
- 1 selino me kërcell të vogël, të grirë hollë
- 1 presh i vogël, vetëm pjesë e bardhë
- 1 spec i vogël zile jeshile, me fara
- ½ kile kërpudha
- 1 filxhan Beaujolais ose verë tjetër të kuqe të përzemërt
- 6 lugë rigon të freskët, të grirë imët
- 1 lugë çaji pastë domate
- 1 troftë e plotë kokë çeliku
- 1 filxhan krem të rëndë
- 1 lugë çaji kripë dhe piper

UDHËZIME:

a) Ngrohni vajin në një tigan ose një tigan të madh mbi nxehtësinë mesatare në të lartë dhe më pas shtoni selinon, preshin, piperin dhe kërpudhat. Përziejini dhe ziejini për rreth 15 minuta.

b) Shtoni verën, 2 lugë rigon, 2 lugë trumzë dhe pastën e domates. Zvogëloni përgjysmë, 10 deri në 12 minuta. E heqim nga zjarri, e mbulojmë dhe e lëmë mënjanë.

c) Me një furçë ose spërkatje gatimi lyeni troftën në mënyrë të barabartë me pak vaj dhe vendoseni në një skarë të lyer me vaj. Mbyllni kapakun dhe gatuajeni për 8 deri në 10 minuta nga secila anë.

d) Ndërkohë, salcën e verës së kuqe e kthejmë në zjarr me zjarr mesatar. Shtoni kremin dhe përzieni shpesh për të parandaluar djegien. Zvogëloni lëngun me rreth një të tretën; kjo duhet të zgjasë rreth 15 minuta.

e) Transferoni peshkun në tavën e salcës së verës së kuqe dhe lyeni troftën me salcë. Mbulojeni dhe ziejini në zjarr të ulët për rreth 5 minuta, derisa të nxehet plotësisht. Spërkatni sipër rigonin dhe trumzën e mbetur dhe kripën dhe piperin dhe transferojeni në një pjatë servirjeje.
f) Qëroni peshkun dhe ndajeni në pjata. Shërbejeni me copat e limonit.

66. Troftë e tymosur me salcë mustarde

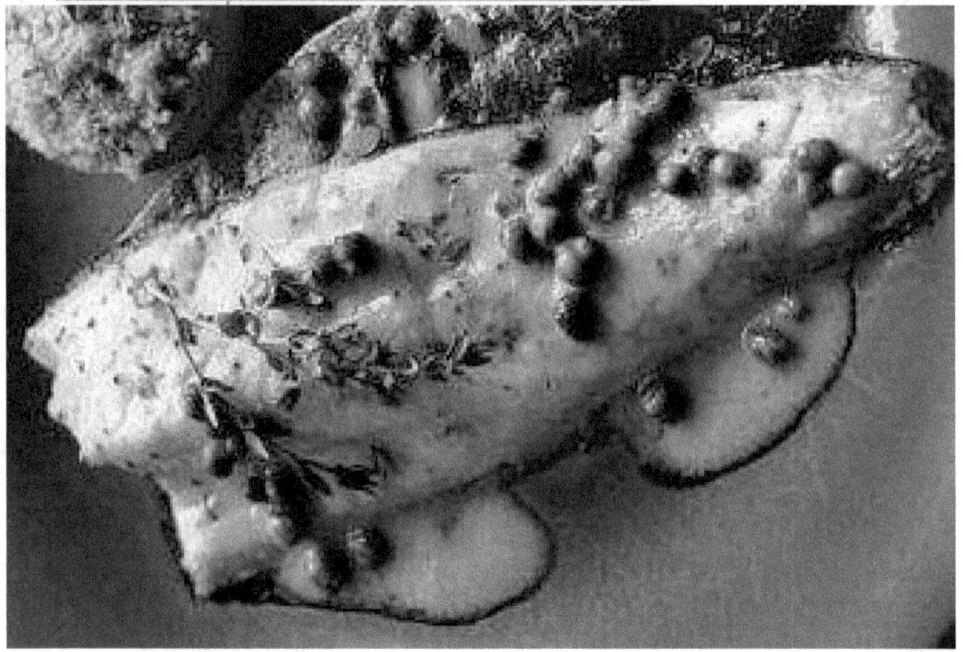

PËRBËRËSIT:
- 1-2 paund fileto troftë liqeni
- 1 luge vaj ulliri
- 1 qepë mesatare, të grirë trashë
- $\frac{1}{2}$ domate e vogël, e prerë në kubikë
- $\frac{1}{2}$ filxhan ullinj Gaeta ose Kalamata, të papastër dhe të përgjysmuar
- $\frac{1}{2}$ filxhan verë të bardhë të thatë
- $\frac{1}{4}$ filxhan trumzë të freskët, të grirë hollë
- 2 lugë mustardë Dijon
- 1 lugë çaji rigon i freskët, i grirë imët
- 1 lugë çaji piper i zi i sapo bluar
- Pika limoni

UDHËZIME:
a) Përgatitni një skarë për pjekjen në tym.
b) Vendosni filetot në anën e ftohtë të duhanpirësit. Mbyllni kapakun dhe pini duhan për rreth 45 minuta. Kthejeni dhe vazhdoni të pini duhan 45 minuta më gjatë, ose derisa mishi të jetë i fortë në prekje.
c) Fikni zjarrin, vendosni filetot në raftin e sipërm të ngrohjes në skarë dhe mbyllni kapakun.
d) Për të bërë salcën, në vaj kaurdisni qepën, domaten dhe ullinjtë në një tenxhere të madhe pa mbuluar mbi nxehtësinë mesatare për 4 deri në 5 minuta. Përziejini.
e) Ngadalë shtoni verën, trumzën, mustardën, rigonin dhe piperin. Përziejini dhe ziejini, pa mbuluar, për 4 deri në 5 minuta, ose derisa të zvogëlohet përgjysmë.
f) Ndani troftën në katër pjesë; shtrojini në pjata të ngrohta dhe salcën me lugë anash. Shërbejeni me copat e limonit.

67. Perk i pjekur në skarë me portokall gjaku

PËRBËRËSIT:

- 2 paund fileto purtekë (4 deri në 8 fileta, në varësi të madhësisë)
- Lëng ½ portokalli (rreth 4 lugë)
- 1 lugë gjelle shurup panje të pastër
- ½ lugë çaji kripë deti
- Qepë të grira për zbukurim
- Sallatë me portokall gjaku
- Bulgur i gatuar ose elb perla

UDHËZIME:

a) Kombinoni filetot, lëngun e portokallit, shurupin e panjës dhe kripën në një enë. Mbulojeni dhe vendoseni në frigorifer për 30 minuta.

b) Ngrohni një skarë.

c) Hiqni filetot nga ena, thajini dhe vendosini në një skarë të lyer me vaj. Gatuani për 3 deri në 4 minuta. Kthejeni dhe gatuajeni 4 minuta më shumë, ose derisa filetot të jenë të forta në prekje.

d) Zbukuroni me qepë. Shërbejeni menjëherë me sallatë me portokall gjaku dhe bulgur.

68. Walleye i pjekur në skarë me rrush

PËRBËRËSIT:
- 1½ deri në 2 paund fileto muri
- 2 ½ filxhanë mane me shaggy
- ½ filxhan lëng rrushi të bardhë të ngrirë
- ½ filxhan liker me shije portokalli
- 4 lugë gjalpë pa kripë
- 1 filxhan rrush globi, i prerë në gjysmë
- 2 lugë piper i zi i sapo bluar
- Lëkura e 1 portokalli

UDHËZIME:
a) Lyejeni skarën dhe lëkurën e filetove me vaj. Gatuani filetot për 4 deri në 5 minuta. Kthejeni dhe gatuajeni 3 deri në 4 minuta më gjatë, ose derisa mishi të jetë i fortë në prekje. Transferoni në raftin e ngrohjes dhe mbajeni të ngrohtë.

b) Ndërkohë, për të bërë salcën, kaurdisni kërpudhat në gjalpë në një tenxhere jo reaktive derisa kërpudhat të jenë të buta. Shtoni lëngun e rrushit dhe likerin. Rriteni nxehtësinë në mesatare dhe gatuajeni për 5 deri në 6 minuta, ose derisa lëngu të reduktohet me rreth një të tretën.

c) Shtoni rrushin dhe piperin dhe ½ e lëvores dhe lërini për 1 deri në 2 minuta.

d) Ndani murin në katër pjesë. Hidheni salcën në katër pjata dhe vendosni filetot sipër.

e) E zbukurojmë me pjesën tjetër të lëvores së portokallit dhe e shërbejmë menjëherë.

69. Peshku murg në një marinadë kikiriku

PËRBËRËSIT:
- 1 kanaçe (14 ons) qumësht kokosi pa sheqer
- 3 lugë gjalpë kikiriku krokant
- 3 lugë salcë soje të errët
- 1½ paund ijët e peshkut murg
- 1 lugë çaji vaj vegjetal
- 4-5 thelpinj hudhra, të grira imët
- 2 lugë gjelle xhenxhefil të freskët të grirë imët
- ½ filxhan musht molle
- 4-6 qepë të mëdha, të grira hollë

UDHËZIME:
a) Në një enë jo reaktive, përzieni së bashku qumështin e kokosit, gjalpin e kikirikut dhe salcën e sojës. Marinojini ijët në përzierje për 1 deri në 2 orë, të mbuluara, në frigorifer.
b) Hiqni ijët nga marinada, kullojini dhe lërini mënjanë. Hidhni marinadën.
c) Ngrohni një skarë.
d) Vendosni ijët e peshkut murg në një rende të lyer me vaj. Grijini për 6 deri në 8 minuta; kthejeni dhe piqeni në skarë për 6 deri në 8 minuta më gjatë, ose derisa ijët të ndihen të forta kur shtypni me gisht.
e) Ngrohni vajin mbi nxehtësinë mesatare në një tenxhere të madhe. Skuqeni hudhrën dhe xhenxhefilin për 2 deri në 3 minuta, ose derisa të zbuten. Shtoni mushtin, përzieni për 1 minutë, më pas spërkatni qepët. Fikni zjarrin.
f) Ndani ijët në katër pjesë. Hidhni salcën me lugë mbi secilën dhe shërbejeni menjëherë.
-

70.Xhepat Monkfish-Hurmë

PËRBËRËSIT:

- 4 gjethe lakër savoja, të ziera
- 1 lugë çaji vaj susami
- 1 lugë çaji fara susami
- 1 piper i vogël jalapeño, i grirë imët
- 1 qepë e kuqe mesatare e prerë në 16 feta
- 2 hurma të freskëta, secila e prerë në 8 feta
- 1 kile ijët e peshkut murg
- ½ lugë çaji piper të zi të grirë
- Një majë kripë

UDHËZIME:

a) Shtroni gjethet e lakrës, lyejini me gjysmën e vajit të susamit dhe spërkatni gjysmën e farave të susamit dhe jalapeños.

b) Shtroni dy feta qepë dhe dy feta hurmë në secilën pjesë të lakrës në mënyrë që qepa të jetë kundër gjethes së lakrës.

c) Vendosni një copë peshk mbi fetat e qepës dhe hurmës. Hidhni sipër hurmën dhe qepën e mbetur.

d) Lyejeni me vajin e mbetur dhe spërkatni mbi të gjitha farat e mbetura të susamit dhe jalapeño. I rregullojmë me kokrrat e piperit dhe kripën.

e) Tërhiqni anët e gjetheve të lakrës, si për një zarf dhe sigurojeni me një kruese dhëmbësh. Tërhiqni skajet dhe sigurojeni me një kruese dhëmbësh tjetër.

f) Vendosni xhepat në skarë, të përqendruar mbi tiganin e tymit. Gatuani për 10 deri në 12 minuta. Fikni flakët herë pas here me ujë.

g) Ktheni xhepat dhe gatuajeni edhe 10 minuta të tjera.

71.Peshku i bardhë i pjekur në skarë

PËRBËRËSIT:
- Lëkura e 1 limoni dhe lëngu i ½ limoni
- ¼ filxhan salcë soje me pak natrium
- 2 lugë piper të zi kokrra të grira
- 2 kilogram fileto peshku të bardhë
- ½ filxhan salcë hoisin
- Qiqra të grira për zbukurim
- Piper i kuq i grirë për zbukurim

UDHËZIME:
a) Rrihni së bashku lëvoren dhe lëngun e limonit, salcën e sojës dhe kokrrat e piperit në një tas të vogël.
b) Hidhni marinadën mbi fileto dhe vendoseni në frigorifer për 30 minuta.
c) Ngrohni një skarë.
d) Hiqni filetot nga marinada, kullojini dhe thajini. Me një furçë pastruese, lyeni gjysmën e salcës hoisin në të dy anët e coho-s.
e) Vendosni filetot direkt mbi zjarr dhe gatuajeni për 4 minuta. Lyejeni me salcën e mbetur dhe kthejeni. Gatuani edhe për 4 minuta të tjera, ose derisa të jetë paksa e butë në prekje.
f) Piqni peshkun në skarë një kohë më të shkurtër për të rrallë, më gjatë për të gatuar mirë.
g) Ndani peshkun në katër pjata, zbukurojeni me qiqra dhe speca të kuq dhe shërbejeni menjëherë.

72. Halibut i pjekur në skarë në qumësht kokosi

PËRBËRËSIT:

- 4 biftek shojza, 1 inç të trasha, rreth 2 paund
- 1 lugë gjelle vaj vegjetal
- 4-6 thelpinj hudhër, të grira hollë
- ¼ filxhan xhenxhefil të freskët të grirë imët
- ¼ filxhan speca jalapeño të grira hollë
- 1-2 fileto açuge, të grira
- ¾ filxhan lëng pule
- ½ filxhan qumësht kokosi, pa sheqer
- 1/3 filxhan salcë domate
- ¼ filxhan salcë soje të errët
- Piper i zi i sapo bluar
- ½ domate e prerë në kubikë
- 1 lugë gjelle shurup panje të pastër
- 2 gota petë orizi
- 1 lugë gjelle vaj susami
- 6-8 qepë të mëdha
- Pika limoni

UDHËZIME:

a) Piqni shojzën në një grilë të lyer me vaj për rreth tre të katërtat e kohës aktuale të dëshiruar, 3 deri në 4 minuta për anë.

b) Ngrohni vajin në një tenxhere të madhe ose wok dhe kaurdisni hudhrën, xhenxhefilin, specat jalapeño dhe açugat në nxehtësi mesatare për 3 deri në 4 minuta.

c) Shtoni lëngun, qumështin e kokosit, salcën e domates, salcën e sojës dhe piper të zi sipas shijes; ziejini në zjarr mesatar për 7 deri në 8 minuta, ose derisa të zvogëlohet përgjysmë. Shtoni domaten e prerë në kubikë dhe ziejini edhe 3 deri në 4 minuta.

d) Kaurdisni petët në vajin e susamit derisa të ngrohen. Shtoni rreth një të tretën e salcës nga tigani dhe përziejini së bashku.
e) Vendosni biftekët e ngrohtë të shojzës së pjekur në skarë në tiganin me salcën e mbetur, duke lugëzuar salcën mbi biftekët dhe duke i kthyer në shtresë.
f) Spërkatni qepët mbi shojzë e vogël dhe shërbejini me petët dhe copat e limonit.

73.Sorbet limoni-Mahi-Mahi me lustër

PËRBËRËSIT:
- 2 gota sherbet me limon të ngrirë
- Lëngu i 1 limoni të madh (3 deri në 4 lugë gjelle) dhe lëvorja e 1 limoni të madh (rreth 1 lugë gjelle)
- 2 kile fileto mahi-mahi, 1 inç të trasha
- cilantro e freskët e copëtuar për zbukurim

UDHËZIME:
a) Ngrohni një skarë.
b) Shkrini sherbetin për 4 deri në 5 minuta në një tenxhere 4 litra ose një tenxhere të madhe mbi nxehtësinë mesatare-të lartë.
c) Shtoni lëngun e limonit dhe gjysmën e lëvores, ulni zjarrin që të ziejë dhe zvogëloni me një të tretën, rreth 8 minuta.
d) E heqim nga zjarri dhe e lëmë mënjanë të ftohet.
e) Vendosni filetot në një pjatë dhe hidhni me lugë gjysmën e salcës së ftohur mbi to, duke i kthyer të mbulohen plotësisht.
f) Transferoni biftekët në skarë dhe gatuajeni për 4 deri në 5 minuta. Kthejeni, lyeni sipër salcën e rezervuar dhe gatuajeni 5 minuta më shumë, ose derisa peshku të jetë i fortë në prekje.
g) Zbukuroni me lëkurën e mbetur të limonit dhe cilantro.

74. Tilapia dhe mbushja e kafesë

PËRBËRËSIT:
- 2 bagels, të prera në copa të vogla
- 1 shami, i thyer në copa
- 1 briosh i thyer në copa
- $\frac{1}{4}$ qepë e vogël e kuqe, e grirë trashë
- 1 portokall me madhësi mesatare, të prerë në copa
- 4 vezë të mëdha
- Kripë dhe piper i zi i sapo bluar
- 2 paund tilapia
- 1 limon i prerë në katër pjesë

UDHËZIME:
a) Në tasin e një përpunuesi ushqimi, pulsoni copat e bagelit, copat e kokrra, copat e brioshit, qepën, copat e portokallit, vezët dhe kripën dhe piperin sipas shijes për 10 deri në 15 sekonda, ose derisa përbërësit të jenë vetëm të përzier me njëri-tjetrin plotësisht, por jo të pure. . Ju mund t'ju duhet ta bëni këtë në dy ose tre grupe. Lëreni mënjanë mbushjen në një tas.

b) Shtroni katër copat e veçanta të petë. Vendosni një copë tilapia mbi secilën dhe hidhni një shtresë $\frac{1}{2}$ inç të trashë të mbushjes mbi çdo fileto (do të përdorni rreth $\frac{1}{2}$ filxhan secila). Shtrydhni një çerek limoni mbi secilën prej tyre. Ju mund të keni mbetur mbushje, e cila mund të ngrihet për një përdorim tjetër.

c) Mbërtheni së bashku letrën në krye. Vendosni paketat me folie në skarë mbi nxehtësi të lartë. Gatuani për rreth 10 minuta. Ju mund të duhet të kontrolloni për të parë nëse mbushja është ngrohur plotësisht; nëse jo, kthehuni në skarë (dhe kthejeni me kujdes) për 4 deri në 5 minuta shtesë.

d) Hiqeni nga grila dhe lejoni të ftuarit të hapin paketat dhe të heqin vetë përmbajtjen për një prezantim më festiv.

75. Pompano i pjekur në skarë

PËRBËRËSIT:

- 1 luge vaj ulliri
- 1 qepë mesatare, e grirë hollë (rreth 1 filxhan)
- 4-5 thelpinj hudhër, të grira imët
- 1 lugë gjelle galangal i grirë hollë (ose xhenxhefil)
- ½ filxhan qumësht kokosi i lehtë
- 2 shkopinj bar limoni, të mavijosur (ose 2 rripa të gjerë lëkure limoni)
- 1 lugë çaji djegës pluhur (ose salcë e nxehtë për shije)
- 1 lugë çaji pluhur kerri
- 1 lugë çaji shafran i Indisë i bluar
- ½ lugë çaji kanellë të bluar
- 1½ paund fileto pompano, rreth 1 inç të trasha
- Lëng ½ limoni (rreth 1½ lugë gjelle)
- Pika limoni

UDHËZIME:

a) Ngrohni vajin në një tigan të madh mbi nxehtësinë mesatare-të lartë. Kaurdisni qepën, hudhrën dhe galangalin për 3 deri në 4 minuta.

b) Shtoni qumështin e kokosit, limonin, pluhurin djegës, pluhurin e kerit, shafranin e Indisë dhe kanellën. Gatuani për rreth 5 minuta, ose derisa lëngu të pakësohet me një të tretën. Ulni nxehtësinë në minimum.

c) Ngrohni një skarë.

d) Vendosni fileto në një skarë të lyer me vaj, hidhni lëngun e limonit sipër dhe gatuajeni për 4 deri në 5 minuta. Kthejeni dhe gatuajeni për 4 deri në 5 minuta më gjatë, ose derisa peshku të jetë i fortë në prekje.

e) I heqim filetot nga grili, i hedhim me lugë salcën e ngrohtë, i ndajmë në katër pjesë dhe i shërbejmë menjëherë me copat e limonit.

76. Yellowtail Tymosur mbi kopër

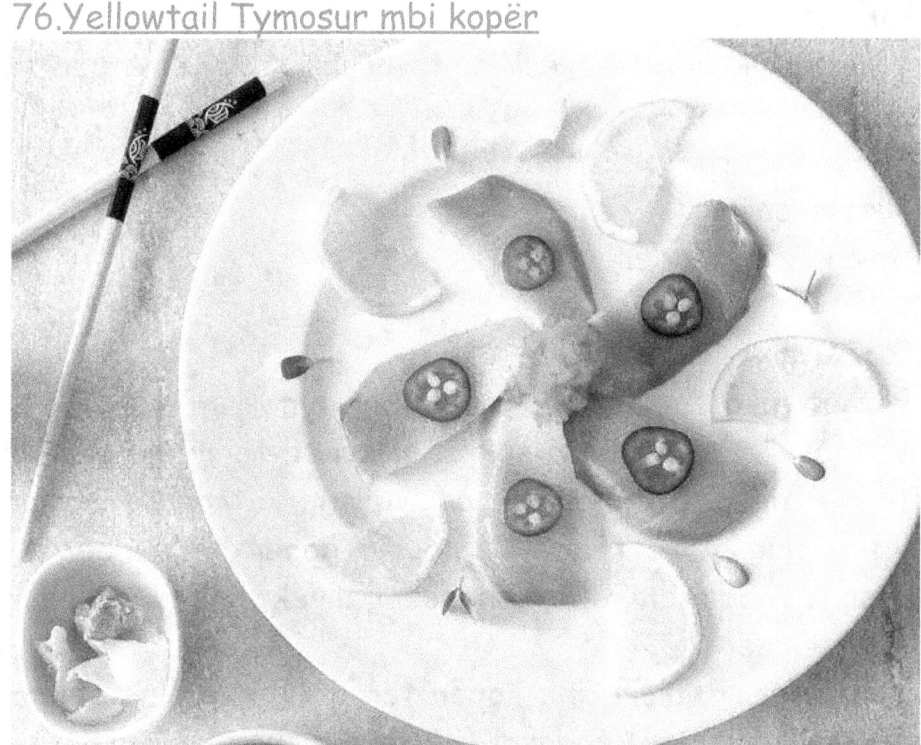

PËRBËRËSIT:

- ½ kërcell kopër të freskët, të prerë në gjysmë për së gjati
- 2 kilogram fileto bisht të verdhë
- Pika limoni
- Salca e mustardës së koprës

UDHËZIME:

a) Përgatitni një skarë për pjekjen në tym.
b) Vendosni rreth 2 gota kokrra misri të tharë në qendër të një tigani për tymosje ose në një katror 18 inç me letër alumini të rëndë. Vendosni kopër në qendër të misrit. Mbulojeni dhe vendoseni direkt mbi burimin e nxehtësisë.
c) Prisni derisa misri dhe kopër të fillojnë të pinë duhan, rreth 10 minuta. Vendosni filetot e bishtit të verdhë në anën e ftohtë të grilës, në grila të lyera me vaj. Mbyllni kapakun dhe pini duhan për 1 deri në 1½ orë, ose derisa peshku të jetë pak i artë. Ngrini kapakun vetëm herë pas here për të kontrolluar për flakë. Lajeni me ujë nëse është e nevojshme.
d) I largojmë filetot nga zjarri, i ndajmë në katër pjesë dhe i shërbejmë të ngrohta me copat e limonit dhe salcën e mustardës së koprës.

77.Kërcimtar i tymosur

PËRBËRËSIT:
- ½ filxhan vaj ulliri
- Lëng nga 1 limon
- 2 lugë gjelle rigon të grirë imët
- 2 lugë trumzë të grirë imët
- 1 lugë çaji kripë
- 1 lugë gjelle piper i zi i sapo bluar
- 2 paund fileto krokë
- Papaja Chutney nga Papa

UDHËZIME:
a) Përziejini së bashku vajin, lëngun e limonit, rigonin, trumzën, kripën dhe piperin në një tas të madh përzierjeje.
b) Vendoseni kërthizën në një qese plastike me 1 gallon të rimbyllshme ose në një tavë pjekjeje qelqi. Hidhni marinadën mbi peshkun dhe vendoseni në frigorifer për 1 deri në 2 orë.
c) Përgatitni një skarë për pjekjen në tym.
d) Hiqeni kërthizën nga marinada, thajeni dhe vendoseni në anën e ftohtë të duhanpirësit. Mbyllni kapakun dhe pini duhan për rreth 1 orë. Temperatura e skarës duhet të mbahet në 200 deri në 250°F.
e) Mbushni copat e misrit ose të drurit nëse është e nevojshme, kthejeni peshkun dhe pini duhan për 1 deri në 1 orë e gjysmë më shumë ose derisa filetot të marrin ngjyrë të artë. Shërbejeni të ngrohtë me Papaja Chutney nga Papa.

78. Goujons of Lemon Sole

PËRBËRËSIT:

- 450 g (1 lb) fileto taban limoni me lëkurë
- 100 g (4oz) bukë të freskët të bardhë
- 25 g (1oz) djathë parmixhano, i grirë imët
- ½ lugë piper kajen
- vaj luledielli, për tiganisje të thellë
- 50 g (2oz) miell i thjeshtë
- 3 vezë të rrahura
- copa limoni, për t'u shërbyer

UDHËZIME:

a) Pritini filetot e peshkut në mënyrë diagonale në shirita rreth 2½ cm (1 in). Përzieni thërrimet e bukës me djathin parmixhano të grirë dhe specin kajen dhe më pas lërini mënjanë. Ngrohni pak vaj për tiganisje të thellë në 190°C/375°F ose derisa një kub bukë njëditore të skuqet për rreth një minutë. Rreshtoni një tepsi me letër kuzhine të bollshme.

b) Lyejini gozhon-et disa nga një me miell, më pas në vezë të rrahur dhe në fund me përzierjen e bukës, duke u kujdesur që të gjitha të marrin një shtresë të barabartë dhe të qëndrojnë të ndara.

c) Hidhni një grusht të vogël goujons në vaj dhe skuqini për rreth 1 minutë derisa të jenë të freskëta dhe të arta. Hiqeni me një lugë të prerë në fletën e pjekjes të veshur me letër për t'u kulluar dhe përsëriteni me peshkun e mbetur, duke u siguruar që vaji të jetë kthyer në temperaturë fillimisht.

d) Mblidhni goujonet në katër pjata të ngrohura dhe zbukurojeni me copat e limonit. Nëse dëshironi, shërbejeni me një sallatë të përzier me gjethe ose barishte, thjesht të veshur me pak vaj ulliri ekstra të virgjër dhe pak erëza.

79. Vezë Benedikti me Haddock

PËRBËRËSIT:

- 300 ml (½ linte) qumësht
- 3 gjethe dafine
- 2 feta qepe
- 6 kokrra piper te zi
- 4 copë fileto të tymosur murriqi
- 1 lugë gjelle uthull vere të bardhë
- 4 vezë
- 2 kifle angleze
- salcë holandez me cilësi të mirë, për t'u shërbyer
- për të zbukuruar
- kokrra piper të zi të grimcuar trashë
- disa qiqra të freskëta të prera

UDHËZIME:

a) Qumështin dhe 300 ml ujë i vëni të ziejnë në një tigan të cekët. Shtoni gjethet e dafinës, qepën, kokrrat e piperit dhe copat e farës së tymosur, lërini të ziejnë dhe ziejini për 4 minuta. Ngrini farën në një pjatë, hiqni lëkurën dhe mbajeni të ngrohtë.

b) Sillni rreth 5 cm (2 in) ujë të ziejë në një tigan me madhësi mesatare, shtoni uthullën dhe zvogëloni atë në një zierje të lehtë. Thyeni vezët në tigan një nga një dhe ziejini për 3 minuta. Ndërkohë i presim kiflet përgjysmë dhe i skuqim derisa të marrin një ngjyrë kafe të lehtë. Ngrini vezët e ziera me një lugë të prerë dhe kullojini pak në letër kuzhine.

c) Për t'i shërbyer, vendosni gjysmat e kifleve në katër pjata të ngrohura dhe sipër me farën e farës dhe vezët e ziera. Hidhni me lugë salcën hollandaise dhe zbukurojeni me një spërkatje me piper të zi të grimcuar dhe qiqra të grirë.

80.Fileto shojzë e kuqe e pjekur në një kore

PËRBËRËSIT:
- 1 £ e gjysmë Fileto halibut; prerë në 4 pjesë
- Kripë; për shije
- Piper i zi i freskët i bluar; për shije
- 1 filxhan Thërrima të freskëta të bukës së bardhë
- 1 filxhan Gjethet e majdanozit
- 2 thelpinj hudhre
- 2 luge vaj ulliri
- 1 filxhan Supë pule
- 1 piper i kuq
- 2 gota Thjerrëzat e gatuara

UDHËZIME:
a) Ngroheni furrën në 425 gradë. Spërkatini shojzë e kuqe me kripë dhe piper. Në një përpunues ushqimi, shtoni thërrimet e bukës, majdanozin dhe hudhrën dhe pulsoni derisa të kombinohen mirë.

b) Vendoseni peshkun në një tigan të zier dhe spërkatni sipër dhe poshtë me vaj ulliri. Shpërndani trashë përzierjen e thërrimeve të bukës sipër peshkut.

c) Piqni peshkun për 8 deri në 10 minuta. Ndërsa piqet peshku, vendosni lëngun e mishit dhe copat e piperit të kuq në një tigan dhe lërini të ziejnë. Zvogëloni dhe ziejini derisa speci të jetë i butë, rreth 15 minuta. I rregullojmë me kripë dhe piper. Hiqeni nga zjarri dhe lëreni të ftohet për 5 minuta.

d) Hidheni në një blender dhe bëni pure salcën e piperit të kuq për 3 minuta derisa të bëhet e mëndafshtë. Hiqeni dhe kaloni në një sitë të imët.

e) Vendoseni peshkun në një shtrat me thjerrëza të ngrohta dhe spërkatni me salcë piper të kuq.

SALATATË

81. Sallatë për mëngjes me peshk të bardhë dhe barishte

PËRBËRËSIT:
- 2 fileto peshku të bardhë
- 4 gota zarzavate sallatë të përziera
- 1/2 filxhan domate qershi, të përgjysmuara
- 1/4 filxhan kastraveca të prera në feta
- 1/4 filxhan rrepka të prera në feta
- 1/4 filxhan barishte të freskëta të copëtuara (të tilla si majdanoz, kopër dhe qiqra)
- 2 lugë gjelle lëng limoni
- 2 luge vaj ulliri
- Kripë dhe piper për shije

UDHËZIME:
a) I rregullojmë filetot e peshkut të bardhë me kripë dhe piper.
b) Ngrohni vajin e ullirit në një tigan që nuk ngjit mbi nxehtësinë mesatare. Ziejini filetot e peshkut derisa të jenë gatuar, rreth 3-4 minuta për anë. I heqim nga tigani dhe i leme te ftohen pak.
c) Peshkun e gatuar e qitni në copa të vogla.
d) Në një tas të madh sallate, kombinoni zarzavatet e përziera të sallatës, domatet qershi, kastravecat e prera në feta, rrepkat e prera në feta dhe barishtet e freskëta të copëtuara.
e) Në një tas të vogël, përzieni lëngun e limonit, vajin e ullirit, kripën dhe piperin.
f) Shtoni peshkun e bardhë të grirë në tasin e sallatës dhe derdhni salcën mbi sallatë.
g) Hidheni butësisht për t'u kombinuar.
h) Shërbejeni sallatën e mëngjesit me peshk të bardhë dhe barishte menjëherë.

82. Sallatë me peshk të bardhë me salcë limoni-kopër

PËRBËRËSIT:
- 2 fileto peshku të bardhë, të ziera dhe të grira
- 4 gota zarzavate sallatë të përziera
- 1 kastravec i prerë në feta
- 1/2 qepë e kuqe, e prerë hollë
- 1/4 filxhan kopër të freskët të copëtuar
- Lëng nga 1 limon
- 3 lugë vaj ulliri
- Kripë dhe piper për shije

UDHËZIME:
a) Në një tas të madh sallate, kombinoni peshkun e bardhë të grirë, zarzavatet e përziera të sallatës, kastravecin e prerë në feta, qepën e kuqe të prerë hollë dhe koprën e freskët të copëtuar.
b) Në një tas të vogël, përzieni lëngun e limonit, vajin e ullirit, kripën dhe piperin për të bërë salcën.
c) Hidheni salcën mbi sallatë dhe hidheni butësisht për t'u kombinuar.
d) Shërbejeni sallatën e peshkut të bardhë me salcë limoni-kopër të ftohur.

83. Sallatë me peshk të bardhë dhe mango

PËRBËRËSIT:
- 2 fileto peshku të bardhë, të ziera dhe të grira
- 4 gota spinaq bebe
- 1 mango e pjekur, e qëruar dhe e prerë në kubikë
- 1/4 filxhan qepë të kuqe të prera në feta
- 1/4 filxhan cilantro të freskët të copëtuar
- Lëng nga 1 lime
- 2 luge vaj ulliri
- Kripë dhe piper për shije

UDHËZIME:
a) Në një tas të madh sallate, kombinoni peshkun e bardhë të grirë, spinaqin bebe, mangon e prerë në kubikë, qepët e kuqe të prera në feta dhe cilantro të freskët të copëtuar.
b) Në një tas të vogël, përzieni lëngun e limonit, vajin e ullirit, kripën dhe piperin për të bërë salcën.
c) Hidheni salcën mbi sallatë dhe hidheni butësisht për t'u kombinuar.
d) Shërbejeni sallatën e peshkut të bardhë dhe mangos të ftohur.

84. Sallatë Niçoise me peshk të bardhë

PËRBËRËSIT:

- 2 fileto peshku të bardhë, të ziera dhe të grira
- 4 gota zarzavate sallatë të përziera
- 4 vezë të ziera fort, të përgjysmuara
- 1 filxhan domate qershi, të përgjysmuara
- 1/2 filxhan kastraveca të prera në feta
- 1/4 filxhani ullinj të zinj të prerë në feta
- 2 lugë gjelle kaperi
- Lëng nga 1 limon
- 3 lugë vaj ulliri
- Kripë dhe piper për shije

UDHËZIME:

a) Në një tas të madh sallate, kombinoni peshkun e bardhë të grirë, zarzavate të përziera të sallatës, vezët e ziera të përgjysmuara, domatet qershi, kastravecat e prera në feta, ullinjtë e zinj të prerë në feta dhe kaperin.

b) Në një tas të vogël, përzieni lëngun e limonit, vajin e ullirit, kripën dhe piperin për të bërë salcën.

c) Hidheni salcën mbi sallatë dhe hidheni butësisht për t'u kombinuar.

d) Shërbejeni sallatën Niçoise të peshkut të bardhë të ftohur.

85. Sallatë me peshk të bardhë dhe avokado

PËRBËRËSIT:
- 2 fileto peshku të bardhë, të ziera dhe të grira
- 4 gota rukola
- 1 avokado, e prerë në feta
- 1/4 filxhan qepë të kuqe të prera në feta
- 1/4 filxhan djathë feta të grimcuar
- Lëng nga 1 limon
- 2 luge vaj ulliri
- Kripë dhe piper për shije

UDHËZIME:
a) Në një tas të madh sallate, kombinoni peshkun e bardhë të grirë, rukolën, avokadon e prerë në feta, qepët e kuqe të prera në feta dhe djathin feta të grimcuar.
b) Në një tas të vogël, përzieni lëngun e limonit, vajin e ullirit, kripën dhe piperin për të bërë salcën.
c) Hidheni salcën mbi sallatë dhe hidheni butësisht për t'u kombinuar.
d) Shërbejeni sallatën e peshkut të bardhë dhe avokados të ftohur.

86. Sallatë me peshk të bardhë dhe kuinoa

PËRBËRËSIT:

- 2 fileto peshku të bardhë, të ziera dhe të grira
- 2 gota quinoa të gatuar
- 1 filxhan kastraveca të prera në kubikë
- 1/2 filxhan speca të kuq të prerë në kubikë
- 1/4 filxhan majdanoz të freskët të grirë
- 1/4 filxhan nenexhik të freskët të copëtuar
- Lëng nga 1 limon
- 3 lugë vaj ulliri
- Kripë dhe piper për shije

UDHËZIME:

a) Në një tas të madh sallate, kombinoni peshkun e bardhë të grirë, kuinoan e gatuar, kastravecat e prera në kubikë, specat e kuq të prerë në kubikë, majdanozin e freskët të copëtuar dhe nenexhikun e freskët të copëtuar.

b) Në një tas të vogël, përzieni lëngun e limonit, vajin e ullirit, kripën dhe piperin për të bërë salcën.

c) Hidheni salcën mbi sallatë dhe hidheni butësisht për t'u kombinuar.

d) Shërbejeni peshkun e bardhë dhe sallatën me quinoa të ftohur.

87. Sallatë me peshk të bardhë dhe shalqi

PËRBËRËSIT:
- 2 fileto peshku të bardhë, të ziera dhe të grira
- 4 gota spinaq bebe
- 2 gota shalqi të prerë në kubikë
- 1/4 filxhan djathë feta të grimcuar
- 1/4 filxhan nenexhik të freskët të copëtuar
- Lëng nga 1 lime
- 2 luge vaj ulliri
- Kripë dhe piper për shije

UDHËZIME:
a) Në një tas të madh sallate, kombinoni peshkun e bardhë të grirë, spinaqin bebe, shalqinin e prerë në kubikë, djathin feta të thërrmuar dhe nenexhikun e freskët të copëtuar.
b) Në një tas të vogël, përzieni lëngun e limonit, vajin e ullirit, kripën dhe piperin për të bërë salcën.
c) Hidheni salcën mbi sallatë dhe hidheni butësisht për t'u kombinuar.
d) Shërbejeni sallatën e peshkut të bardhë dhe shalqirit të ftohur.

88. Sallatë me peshk të bardhë dhe agrume

PËRBËRËSIT:
- 2 fileto peshku të bardhë, të ziera dhe të grira
- 4 gota zarzavate sallatë të përziera
- Segmente nga 2 portokall
- Segmente nga 2 grejpfrut
- 1/4 filxhan qepë të kuqe të prera në feta
- 1/4 filxhan borzilok të freskët të copëtuar
- Lëng nga 1 limon
- 3 lugë vaj ulliri
- Kripë dhe piper për shije

UDHËZIME:
a) Në një tas të madh sallate, kombinoni peshkun e bardhë të grirë, zarzavatet e përziera të sallatës, segmentet e portokallit, segmentet e grejpfrutit, qepët e kuqe të prera në feta dhe borzilokun e freskët të copëtuar.
b) Në një tas të vogël, përzieni lëngun e limonit, vajin e ullirit, kripën dhe piperin për të bërë salcën.
c) Hidheni salcën mbi sallatë dhe hidheni butësisht për t'u kombinuar.
d) Shërbejeni peshkun e bardhë dhe sallatën e agrumeve të ftohur.

SUPAT

89. Stoku i peshkut

PËRBËRËSIT:
- 2 lugë vaj vegjetal
- 2 karota mesatare, të grira hollë
- 2 bishta selino të grira hollë
- 1 qepë e madhe spanjolle, e grirë hollë
- 1 kile kërpudha, të prera hollë
- 4-6 thelpinj hudhër, të grira
- 3-5 paund korniza dhe koka peshku
- 1 filxhan majdanoz të freskët
- 6 gjethe dafine
- ¼ filxhan kokrra piper të zi
- 5-6 degë trumzë
- 4-5 degë rigon
- 4 litra ujë
- 1 filxhan verë të bardhë të thatë

UDHËZIME:
a) Ngrohni vajin në një tenxhere mbi nxehtësinë mesatare-të lartë. Shtoni karotat, selinon, qepën, kërpudhat dhe hudhrën. Gatuani, duke e trazuar për 8 deri në 10 minuta.

b) Ndërkohë grumbullojmë pjesët e peshkut në njërën copë napë dhe lidhim me fije. Vendosni majdanozin, gjethet e dafinës, kokrrat e piperit, trumzën dhe rigonin në copën tjetër të napës. Lidheni me fije.

c) Shtoni ujin, verën dhe pako me napë në tenxhere. Lëreni të vlojë, zvogëloni nxehtësinë në mesatare dhe ziejini në një rrotull të ulët, pa mbuluar, për 45 minuta.

d) Hiqni paketat me napë nga lëngu, shtrydhini të thata dhe hidhini. Kullojeni lëngun e mbetur në një kullesë dhe lëreni të ftohet për rreth 45 minuta.

90. John Dory Chowder

PËRBËRËSIT:

- 500 g (1 lb) midhje, të pastruara
- 150 ml (¼ pinte) musht kornish
- 25 g (1 oz) gjalpë
- 100 g copë proshutë të tymosur pa lëkurë
- 1 qepë e vogël, e grirë hollë
- 20 g (¾oz) miell i thjeshtë
- 1 litër (1¾ pintë) qumësht me krem të plotë
- 2 patate
- 1 gjethe dafine
- 225 g (8oz) fileto John Dory
- 120 ml krem dopio
- majë piper i kuq
- kripë dhe piper i bardhë i sapo bluar
- 2 lugë majdanoz të freskët të grirë

UDHËZIME:

a) Vendosni midhjet e pastruara dhe mushtin në një tigan me madhësi mesatare në zjarr të fortë. Mbulojeni dhe ziejini për 2-3 minuta ose derisa sapo të jenë hapur, duke e tundur herë pas here tiganin.

b) Shkrini gjalpin në një tigan tjetër, shtoni proshutën dhe skuqeni derisa të marrë një ngjyrë të lehtë të artë. Shtoni qepën dhe gatuajeni butësisht për 5 minuta ose derisa qepa të jetë zbutur.

c) Hidhni miellin dhe gatuajeni për 1 minutë. Hidhni gradualisht qumështin dhe më pas shtoni të gjithë, përveç lugës së fundit ose dy të pijeve të gatimit me midhje . Shtoni patatet dhe gjethen e dafinës dhe 1 lugë çaji kripë dhe ziejini .

d) Hiqni gjethen e dafinës, shtoni copat e John Dory dhe ziejini për 2-3 minuta ose derisa peshku sapo të jetë gatuar. Përzieni kremin e dyfishtë.
e) E heqim nga zjarri dhe i përziejmë midhjet.

91.Shad i tymosur me Gazpacho

PËRBËRËSIT:

- Lëng nga 1 limon
- 2 paund fileto shad pa kocka
- 2 lugë piper të zi kokrra të grira
- 1 lugë gjelle kripë deti
- 1 kanaçe (14½ ons) domate të ziera
- 1 luge vaj ulliri
- 2 lugë çaji uthull musht
- ½ lugë çaji koriandër të bluar
- ½ lugë çaji qimnon i bluar
- ½ lugë çaji salcë e nxehtë, plus shtesë nëse dëshironi
- ½ lugë çaji rigon të tharë
- 1 kastravec anglez
- 1 piper i vogël zile jeshile, i prerë në masë
- 1 qepë e vogël e bardhë e ëmbël, e grirë trashë
- 8 thelpinj hudhre, te grira
- 1 domate mesatare, e prerë në masë

UDHËZIME:

a) Hidhni 1½ lugë gjelle lëng limoni mbi filetot dhe lyeni me 1 lugë çaji kokrra piper dhe ½ lugë çaji kripë.

b) Pini duhan në anën e ftohtë të skarës për 1 orë e gjysmë, ose derisa filetot të kenë marrë një nuancë të artë, por të mbeten të buta. Hiqeni dhe vendoseni në frigorifer për të paktën 12 orë.

c) Për të bërë gazpacho, hidhni lëngun e mbetur të limonit, kokrrat e piperit dhe kripën dhe domatet e ziera, vajin, uthullën, koriandrën, qimnonin, salcën e nxehtë dhe rigonin në tasin e një përpunuesi ushqimi katër ose pesë herë.

d) Shtoni gjysmën e kastravecit, gjysmën e piperit, gjysmën e qepës dhe gjysmën e hudhrës. Pulsoni pesë ose gjashtë herë, më pas transferojeni në një tas të madh.

e) Shtoni domaten dhe perimet e mbetura të copëtuara dhe përziejini mirë. Mbulojeni dhe vendoseni në frigorifer për të paktën 12 orë.

92.Supë klasike peshku me Rouille

PËRBËRËSIT:
- 900 g (2 lb) peshk i përzier
- 85 ml (3fl oz) vaj ulliri
- 75 g (3 oz) çdo qepë, selino, presh dhe kopër
- 3 thelpinj hudhre, te prera ne feta
- lëng nga ½ portokalli dhe lëkura e portokallit
- 200 g (7oz) domate të grira të konservuara
- 1 spec i kuq i vogel i prere dhe i prere ne feta
- 1 gjethe dafine
- degëz trumze
- majë fije shafrani
- 100 g (4oz) karkaleca deti të paqëruara, të ziera
- majë piper i kuq
- 1,2 litra (2 pinte) lende peshku me cilësi të mirë
- 25 g (1oz) parmixhan, i grirë imët, për t'u shërbyer

UDHËZIME:
a) Ngrohni vajin e ullirit në një tigan të madh, shtoni perimet dhe hudhrën dhe gatuajeni butësisht për 20 minuta ose derisa të jetë i butë, por pa ngjyrë.

b) Shtoni lëkurën e portokallit, domatet, specin e kuq, gjethen e dafinës, trumzën, shafranin, karkalecat, specin kajen dhe filetot e peshkut. Shtoni lëngun e peshkut dhe lëngun e portokallit, lëreni të vlojë dhe ziejini për 40 minuta.

c) Lëngëzojeni supën dhe kaloni përmes një sitë në një tigan të pastër, duke shtypur sa më shumë lëng që të jetë e mundur me pjesën e pasme të një lugë. E kthejmë supën në zjarr dhe e rregullojmë sipas shijes me kajen, kripë dhe piper.

d) Hidhni supën në një turene të ngrohur dhe vendosni krutonët, djathin parmixhano dhe ruille në pjata të veçanta.

e) Për të bërë krutona, priteni hollë 1 bagutë dhe më pas skuqini fetat në vaj ulliri derisa të bëhen të freskëta dhe të arta. Kullojini në letër kuzhine dhe më pas fërkoni një thelpi hudhër në njërën anë të secilës pjesë.

93. Supë me merluc me portokall

PËRBËRËSIT:

- 1 kile fileto merluci, të prera në copa sa një kafshatë
- 1 qepë, e grirë
- 2 thelpinj hudhre, te grira
- 2 karota, të prera në kubikë
- 2 bishta selino të prera në kubikë
- 4 gota lëng perimesh ose peshku
- Lëngu dhe lëkura e 1 portokalli
- 1 gjethe dafine
- 1 lugë çaji trumzë e thatë
- 1/2 lugë çaji paprika
- Kripë dhe piper për shije
- Majdanoz i freskët, i grirë (për zbukurim)

UDHËZIME:

a) Në një tenxhere të madhe, ngrohni pak vaj mbi nxehtësinë mesatare. Shtoni qepën dhe hudhrën dhe gatuajeni derisa qepa të bëhet e tejdukshme.

b) Në tenxhere shtoni karotat dhe selinon dhe ziejini edhe për disa minuta, derisa perimet të fillojnë të zbuten.

c) Hidhni lëngun e perimeve ose peshkut, lëngun e portokallit dhe lëkurën e portokallit. Shtoni gjethen e dafinës, trumzën e thatë, paprikën, kripën dhe piperin. I trazojmë mirë që të bashkohen.

d) Lëreni supën të vlojë, më pas zvogëloni zjarrin dhe lëreni të ziejë për rreth 15 minuta, ose derisa perimet të zbuten.

e) Shtoni copat e merlucit në tenxhere dhe gatuajeni edhe për 5-7 minuta të tjera, ose derisa merluci të jetë gatuar dhe të skuqet lehtë.

f) Hiqni gjethen e dafinës nga supa. Shijoni dhe rregulloni erëzat nëse është e nevojshme.
g) Hidheni supën në enë, zbukurojeni me majdanoz të freskët dhe shërbejeni të nxehtë.

ËSHTIRËS

94.Ëmbëlsira braziliane me merluc

PËRBËRËSIT:
- 10 ons merluc kripë; i prerë në feta trashë
- 8 ons patate me miell
- Gjalpë
- Qumështi
- 3 lugë majdanoz (të grumbulluar).
- 1 lugë gjelle (të grumbulluar) nenexhik; i grirë imët
- Piper i zi i sapo bluar
- 3 vezë; të ndara
- 1 lugë gjelle port
- Vaj për tiganisje të thellë

UDHËZIME:
a) Kullojeni merlucin dhe shpëlajeni mirë nën ujë të rrjedhshëm të ftohtë.
b) Mbulojeni me ujë të freskët në një tenxhere, lëreni të vlojë dhe ziejini për 20 minuta ose derisa merluci të jetë i butë. Ndërsa merluci po ziejë, gatuajini patatet në lëkurat e tyre, më pas qëroni dhe grijeni me gjalpë dhe qumësht. Kur merluci të jetë gati, kullojeni mirë dhe hiqni lëkurën dhe kockat.
c) Copëtoni merlucin me disa pirunë. Shtoni patatet me krem, majdanozin, nenexhikun, piperin dhe të verdhat e vezëve dhe portin. Përziejini tërësisht.
d) Rrihni të bardhat e vezëve derisa të jenë të forta, më pas futini në përzierjen e merlucit.
e) Merrni një masë të përzierjes, sa një vezë e vogël dhe formoni në dorë për të bërë një formë silur.
f) Skuqini në vaj 375 gradë deri sa të skuqen dhe të marrin ngjyrë kafe. I kullojmë në peshqir letre dhe e shërbejmë të nxehtë.

95.Peshku japoneze me xhenxhefil

PËRBËRËSIT:

- 3 troftë ylber, të filetuara
- 4 cm (1½ in) copë xhenxhefil me rrënjë të freskët
- 3 qepë të yndyrshme, të grira hollë
- 4 kërpudha gështenja të grira hollë
- pak vaj, për skuqje
- për sallatën
- Raketë 100 g (4 oz).
- 2 lugë salcë soje të errët
- 1 lugë vaj susami të pjekur
- 1 lugë ujë të ftohtë
- majë sheqer pluhur

UDHËZIME:

a) Qëroni filetot e troftës me lëkurë dhe më pas me kocka dhe më pas pritini për së gjati në shirita të gjatë e të hollë.

b) Tani grumbulloni këto shirita së bashku dhe pritini në copa shumë të vogla - nuk duhet ta përpunoni peshkun në një pastë shumë të imët, por as të jetë shumë i trashë, ose nuk do të mbajë së bashku.

c) Vendoseni peshkun në një tas me xhenxhefil, qepë, kërpudha dhe pak kripë dhe piper.

d) Përziejini mirë së bashku dhe më pas ndajeni masën në tetë dhe, me duar pak të lagura, formoni peta me diametër rreth 7½ cm (3 in).

e) Nxehni një tigan të lyer me pak vaj dhe që nuk ngjit mbi nxehtësinë mesatare.

f) Shtoni ëmbëlsirat e peshkut dhe skuqini për rreth 1½ minutë nga secila anë, derisa të marrin ngjyrë kafe të artë dhe të gatuhen.

g) Vendoseni në pjata të ngrohura dhe grumbulloni pak nga raketa pranë.

h) Rrihni së bashku përbërësit e mbetur të sallatës për të bërë një salcë, dhe derdhni pak mbi raketë dhe pak rreth skajit të jashtëm të pjatave.

96. Halibut me komposto boronicë

PËRBËRËSIT:

- 2 fileta shojzë e kuqe
- 1 filxhan boronica të freskëta ose të ngrira
- 2 lugë mjaltë
- 1 lugë gjelle lëng limoni
- Lëkura e 1 limoni
- 1/4 lugë çaji ekstrakt vanilje

UDHËZIME:

a) Ngrohni furrën tuaj në 400°F (200°C).
b) Në një tenxhere të vogël, kombinoni boronicat, mjaltin, lëngun e limonit, lëkurën e limonit dhe ekstraktin e vaniljes.
c) Gatuani në zjarr të ulët, duke i përzier herë pas here, derisa boronica të shpërbëhet dhe të formojë një konsistencë të ngjashme me komposto.
d) Vendosni filetot e shojzës në një fletë pjekjeje të veshur me letër furre.
e) Hidhni me lugë kompostën e boronicës mbi fileto shojzë e kuqe, duke i mbuluar ato në mënyrë të barabartë.
f) Piqeni në furrën e nxehur më parë për rreth 12-15 minuta, ose derisa peshku të jetë gatuar dhe të skuqet lehtësisht me një pirun.
g) Hiqini nga furra dhe lërini të ftohen pak para se t'i shërbeni.
h) Shërbejeni shojzën me komposto me boronica si një ëmbëlsirë të papritur dhe me shije të detit.

97.Byrek me boronicë Cape Cod

PËRBËRËSIT:

- 2 gota boronica të freskëta ose të ngrira
- 1 1/2 filxhan sheqer të grimcuar
- 1/2 filxhan arra ose arra të copëtuara
- 1 filxhan miell për të gjitha përdorimet
- 1/2 filxhan gjalpë pa kripë, i shkrirë
- 2 vezë të mëdha
- 1 lugë çaji ekstrakt vanilje
- Një majë kripë
- Krem pana ose akullore me vanilje (opsionale, për servirje)

UDHËZIME:

a) Ngrohni furrën tuaj në 350°F (175°C). Lyeni me yndyrë një pjatë byreku 9 inç.
b) Në një tas të madh, kombinoni boronicat, sheqerin dhe arrat e grira. Përhapeni masën në mënyrë të barabartë në enën e byrekut të lyer me yndyrë.
c) Në një enë tjetër përziejmë miellin, gjalpin e shkrirë, vezët, ekstraktin e vaniljes dhe kripën derisa të bashkohen mirë. Hidheni këtë brumë mbi përzierjen e boronicës së kuqe, duke e përhapur në mënyrë të barabartë.
d) Piqni për rreth 40-45 minuta, ose derisa pjesa e sipërme të marrë ngjyrë kafe të artë dhe një kruese dhëmbësh e futur në qendër të dalë e pastër.
e) E heqim nga furra dhe e lëmë byrekun të ftohet për disa minuta. Shërbejeni të ngrohtë ose në temperaturën e dhomës, sipas dëshirës duke i lyer me krem pana ose akullore vanilje.

98. Scones boronicë Cape Cod

PËRBËRËSIT:
- 2 gota miell për të gjitha përdorimet
- 1/4 filxhan sheqer të grimcuar
- 1 lugë gjelle pluhur pjekjeje
- 1/2 lugë çaji kripë
- 1/2 filxhan gjalpë pa kripë, të ftohtë dhe të prerë në copa të vogla
- 1/2 filxhan boronica të freskëta ose të ngrira, të prera përafërsisht
- 2/3 filxhan dhallë
- 1 lugë çaji ekstrakt vanilje
- Lëkura e 1 portokalli
- 1 lugë gjelle lëng portokalli
- 1 lugë gjelle krem i trashë (për larje)
- Sheqer shtesë (për spërkatje)

UDHËZIME:
a) Ngrohni furrën tuaj në 425°F (220°C). Rreshtoni një fletë pjekjeje me letër pergamene.
b) Në një tas të madh, përzieni miellin, sheqerin, pluhurin për pjekje dhe kripën. Prisni gjalpin e ftohtë duke përdorur një prestar pastiçerie ose me majat e gishtave derisa masa të ngjajë me thërrime të trasha.
c) Shtoni boronicat e grira në përzierjen e miellit dhe hidhini të lyhen.
d) Në një tas të veçantë, kombinoni dhallën, ekstraktin e vaniljes, lëkurën e portokallit dhe lëngun e portokallit. Hidheni këtë përzierje në përbërësit e thatë dhe përzieni derisa të kombinohen.

e) Kthejeni brumin në një sipërfaqe të lyer pak me miell dhe gatuajeni butësisht disa herë për ta bashkuar. Vendoseni brumin në një rreth rreth 3/4 inç të trashë.
f) Pritini brumin në 8 feta dhe kalojini në tepsi të përgatitur, duke i ndarë pak. Lyejeni majat e kokrrave me krem të trashë dhe spërkatni me sheqer.
g) Piqni për 12-15 minuta, ose derisa kërpudhat të marrin ngjyrë kafe të artë. Hiqini nga furra dhe lërini të ftohen në një raft teli përpara se t'i shërbeni.

99. Byrek me kadife me boronicë Cape Cod

PËRBËRËSIT:

- 1 kore byreku 9 inç e pjekur paraprakisht
- 2 gota boronica të freskëta ose të ngrira
- 1 filxhan sheqer të grimcuar
- 1/4 filxhan ujë
- 2 lugë niseshte misri
- 1/4 filxhan lëng portokalli
- 1/4 filxhan krem të rëndë
- 1/2 lugë çaji ekstrakt vanilje
- Krem pana ose akullore me vanilje (opsionale, për servirje)

UDHËZIME:

a) Në një tenxhere të mesme, bashkoni boronicat, sheqerin dhe ujin. Gatuani në zjarr mesatar derisa boronicat të shpërthejnë dhe të lëshojnë lëngjet e tyre, rreth 10 minuta.

b) Në një tas të vogël, rrihni së bashku niseshtën e misrit dhe lëngun e portokallit derisa të jenë të lëmuara. Shtoni këtë përzierje në tenxhere dhe përzieni mirë. Gatuani edhe për 2-3 minuta të tjera, ose derisa masa të trashet.

c) Hiqeni tenxheren nga zjarri dhe lëreni mbushjen e boronicës së kuqe të ftohet në temperaturën e dhomës.

d) Në një tas të veçantë, rrihni kremin e trashë dhe ekstraktin e vaniljes derisa të formohen maja të buta. Palosni butësisht mbushjen e boronicës së ftohur në kremin e rrahur derisa të kombinohet mirë.

e) Hedhim masën e kadifes me boronicë në koren e byrekut të pjekur më parë, duke e përhapur në mënyrë të barabartë. Lëreni në frigorifer për të paktën 2 orë, ose derisa të vendoset.

f) Shërbejeni të ftohur, opsionalisht të lyer me krem pana ose akullore vanilje.

100. Këpucër merluci

PËRBËRËSIT:

- 1 1/2 kilogram fileto merluci, të prera në copa
- 1 qepë e prerë në kubikë
- 2 karota, të prera në kubikë
- 2 bishta selino të prera në kubikë
- 2 thelpinj hudhre, te grira
- 1 filxhan bizele të ngrira
- 1 filxhan lëng pule ose perimesh
- 1/2 filxhan krem të rëndë
- 2 lugë miell për të gjitha përdorimet
- 2 lugë gjelle gjalpë
- 1 lugë majdanoz i freskët i grirë
- 1 lugë çaji trumzë e freskët e copëtuar
- Kripë dhe piper për shije
- Mbushje biskotash (e blerë në dyqan ose e bërë në shtëpi)

UDHËZIME:

a) Ngrohni furrën tuaj në 375°F (190°C). Lyeni me yndyrë një enë pjekjeje.

b) Në një tigan të madh shkrini gjalpin në zjarr mesatar. Shtoni qepën, karotat, selinon dhe hudhrën. Ziejini derisa perimet të jenë zbutur, rreth 5 minuta.

c) Spërkateni miellin mbi perimet dhe përzieni që të lyhen. Gatuani për një minutë shtesë.

d) Hidhni gradualisht lëngun e pulës ose perimeve, duke e përzier vazhdimisht. Lëreni përzierjen të ziejë dhe gatuajeni derisa salca të trashet.

e) Përzieni kremin e trashë, bizelet, majdanozin, trumzën, kripën dhe piperin. Shtoni copat e merlucit në tigan dhe përzieni butësisht për t'u kombinuar.

f) Transferoni përzierjen e merlucit në enë për pjekje të lyer me yndyrë. Spërkateni brumin e biskotave duke mbuluar të gjithë sipërfaqen.
g) Piqni për rreth 25-30 minuta, ose derisa sipërfaqja e biskotave të marrë ngjyrë kafe të artë dhe merluci të jetë gatuar.
h) Hiqeni nga furra dhe lëreni të ftohet për disa minuta përpara se ta shërbeni.

PËRFUNDIM

Teksa jemi në fund të këtij udhëtimi kulinar, shpresojmë që "The White Fish Chronicles" t'ju ketë frymëzuar të përqafoni shijet delikate dhe shkathtësinë e peshkut të bardhë në kuzhinën tuaj. Peshku i bardhë ofron një botë të mundësive të kuzhinës dhe ne ju inkurajojmë të vazhdoni të eksploroni dhe eksperimentoni me këtë përbërës të jashtëzakonshëm.

Me recetat dhe teknikat e ndara në këtë libër gatimi, shpresojmë që të keni fituar besimin dhe frymëzimin për të krijuar pjata të paharrueshme që nxjerrin në pah bukurinë natyrore të peshkut të bardhë. Pavarësisht nëse jeni duke shijuar një fileto të thjeshtë të pjekur në tigan ose duke krijuar një kryevepër komplekse të ushqimit të detit, krijimet tuaja të peshkut të bardhë mund të sjellin gëzim dhe kënaqësi në tryezën tuaj të ngrënies.

Pra, ndërsa filloni aventurat tuaja të peshkut të bardhë, lërini "The White Fish Chronicles" të jetë shoqëruesi juaj i besuar, duke ju ofruar receta të shijshme, këshilla të dobishme dhe një ndjenjë eksplorimi kulinarie. Përqafoni shijet delikate, shkathtësinë dhe thjeshtësinë e peshkut të bardhë dhe lëreni çdo pjatë që krijoni të bëhet një festë e këtij përbërësi të jashtëzakonshëm.

Qoftë e mbushur kuzhina juaj me aromën e ushqimeve të freskëta të detit, zhurmën e tiganit dhe gëzimin e gatimit me peshk të bardhë që kënaq qiellzën tuaj dhe ushqen trupin tuaj. Gatim i lumtur, dhe krijimet tuaja të peshkut të bardhë ju dërgofshin në brigjet e përsosmërisë së kuzhinës!

www.ingramcontent.com/pod-product-compliance
Lightning Source LLC
Chambersburg PA
CBHW070655120526
44590CB00013BA/972